VOCÊ NÃO PODE PERDER A GUERRA

Não há como esse livro ser dedicado a outro a não ser Deus, que me permitiu passar e vencer os momentos mais difíceis até aqui, que me escolheu sendo eu tão pequena e imerecedora, para escrever acerca de sua palavra.

Com meu coração transbordando de alegria e gratidão, assim como todos os dias, lhe dedico a minha vida, minha família e os filhos que esse livro gerar.

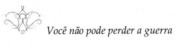

AGRADECIMENTOS

Quero agradecer as pessoas que estiveram ao meu lado durante esse processo, que me incentivaram e me motivaram a seguir adiante em tantos momentos que quis parar.

Tudo começou com minha avó Eronildes — em memória — que foi muito importante para impregnar, em mim aos 7 anos o amor e temor a Deus, ela dizia: "Um dia você será professora e ensinará a muitos", em todos os aspectos de sua previsão ela acertou.

Meus pais Sérgio Antônio e Neusa Maria, que tiveram a missão de nos anos mais difíceis da minha adolescência cuidar para que eu não me afastasse de Deus, eles sempre foram meus melhores amigos e grandes incentivadores.

Quero agradecer também as minhas amigas, cada uma delas em momentos diferenciados, estiveram por perto me ajudando, em oração e suas palavras de incentivo. Regiane Nunes, Cassia Stala, Rejane dos Santos, Carla Silveira, Jozyane Freitas, meu amigo Marcus Vinícius e ao escritor Maurício de Assis que teve de me aguentar com tantas questões sobre o livro, obrigado pela paciência.

De todas as pessoas citadas aqui, não posso deixar de mencionar aqueles que durante um momento importantíssimo foram meus mentores espirituais. Pastor Luís Carlos de Araújo — em memória — e sua esposa missionária Sônia Nogueira, ao pastor José Monteiro — em memória —

e Missionária Suze Silva. Meu Deus! Que pessoas tão cheias do Espírito Santo, tanto me ajudaram a superar desafios, quanto me ensinaram a ser forte nesses momentos.

Não posso esquecer da minha querida sogra Rosa Mello e do seu esposo Jó Corrêa, só Deus poderá recompensá-los por tudo que me fizeram.

Meus irmãos, meus cunhados e cunhadas eu amo vocês, e não menos importante minha família, obrigado por estarem presente, por me aguentarem em dias que nem eu me aguentava, Jhone Medina obrigado por ter estado presente, Kaio meu filho lindo eu te amo tanto ...., você por tantas vezes me abraçou dizendo: " Tenho tanto orgulho de você mãe, você vai conseguir", a minha princesinha Ana Flora o presente inesperado de Deus na minha vida.

A minha capista Dafne Santos muito obrigado pelo carinho, dedicação e paciência que Deus abençoe sempre sua vida, e que assim como fui alcançada pela graça do Senhor, vocês também sejam agraciados pelo seu amor e cuidado todos os dias.

Você não pode perder a guerra.

Na guerra civil que travamos
com nós mesmos, às vezes perdemos batalhas, mas não podemos
nos permitir perder a guerra.

Sumário

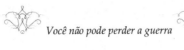

Solte as rédeas, você não tem o controle

D a mesma forma que se inicia um livro, a vida da gente reinicia um novo capítulo todos os dias, com novas batalhas e novas oportunidades.

Cada novo ano nos traz novas aprendizagens, e esse ano eu resolvi parar de nadar contra a maré. Você pode estar se perguntando, como assim? Vou explicar, nós seres humanos gostamos de ter a ilusão que temos algum controle sobre nossas vidas, eu era o tipo de pessoa que sempre tive tudo planejado, ficava louca quando alguma coisa não saía como havia imaginado.

Achava que detinha algum poder de controlar minha vida, mas descobri ao longo dos anos que todo poder e controle está nas mãos de Deus.

"Muitos são os planos no coração do homem, mas o que prevalece é o propósito do Senhor" (Pv 19:21), querer ter o controle e não o possuir me deixava extremamente estressada, me custou muito simplesmente relaxar, e deixar nas mãos de Deus para que ele cuidasse.

Assim como eu, existem diversas pessoas ao nosso redor, que estão cheias de problemas mentais, emocionais e espirituais, por que simplesmente não conseguem entregar sua vida, seu dia, sua família nas mãos de Deus, em seguida confiar e descansar. *"Não andem ansiosos por coisa alguma"* (Fp 4:6-a). Temos que aprender a descansar em Deus, descansar não é ser preguiçoso, descansar é deixar as coisas sobre a qual não temos controle nas mãos de Deus e rejeitar preocupações desnecessárias.

Vamos lá, já sabemos que o mal do século é a depressão, em 2018 eu tive que procurar ajuda, estava extremamente estressada, cansada, desanimada, e isso estava afetando muitos aspectos da minha vida, estava com tremores nas mãos, sentia palpitações e falta de ar constantes, o médico me passou antidepressivos e remédio para ansiedade, e disse que eu devia fazer o tratamento corretamente, por que estava à beira de uma depressão ou ataques de pânico, os remédios me ajudaram, mas foi uma conversa com meu pai, que me fez analisar e mudar alguns aspectos da minha vida.

Meu pai me aconselhou a relaxar, a delegar, a não me sobrecarregar de coisas, sendo que muitas delas eu podia protelar, que a casa não precisava ser limpa a toda hora — ainda mais na ocasião, eu tinha dois filhos pequenos de idades entre 7 e 3 anos —, que as roupas não iam fugir se eu deixasse para passá-las outro dia, que meus compromissos de trabalho ou igreja, não precisavam ser marcados todos para a mesma semana, o Conselho do meu pai não me deixou preguiçosa, mas me mostrou que todo meu estresse por excesso de afazeres era culpa minha, que não estava administrando bem o meu tempo nem a minha vida.

A morte, a doença, o desemprego sobre nada disso temos controle, o que nos resta é entregar a Deus todas as coisas, confiando que como pai, ele sempre fará o que é melhor pra nós. *"Ora, se vós sendo maus, sabeis dar boas dádivas aos vossos filhos, quanto mais vosso pai que está nos céus, dará boas coisas aos que lhe pedirem"* (Mt 7:11).

Deus não povoou a terra e depois deixou sua criação abandonada, ele é um pai presente, observando sua criação e respeitando seu livre arbítrio, mas no primeiro momento em que pedimos seu auxílio, ele vem nos socorrer.

Quando eu disse lá em cima que descansar em Deus não é ser preguiçoso, é que a bíblia afirma que Deus é Deus das impossibilidades, há limites para nossas ações, há coisas que não estão ao nosso alcance, são para essas coisas que pedimos seu auxílio, mas há coisas que pedimos direcionamento nos levantamos e fazemos, exemplo disso é quando vamos prestar um concurso, procurar emprego, mudar de cidade ou País. Para essas coisas não precisamos de milagres e sim de coragem e fé. Fé para que depois que nos preparamos e entregamos nas mãos de Deus, possamos descansar na certeza que tudo dará certo.

"As coisas impossíveis para o homem, são possíveis para Deus" (Lc 18:27).

O que a gente precisa é se entregar à vontade de Deus, certa vez eu estava vendo um vídeo no YouTube do pastor Tiago Brunet, e ele falava que nós até podemos sair do caminho, retardando o plano de Deus para nossas vidas, mas Deus sempre nos trará de volta, nos realinhando ao caminho, que podemos até retardar o

propósito com nossas falhas, mas que a vontade de Deus para cada um de nós vai se cumprir.

Quantos de nós já ouvimos de alguém, ou sentimos por intermédio do Espírito Santo qual era a vontade de Deus para nós? Mas por medo ou por nos acharmos indignos de tal confiança da parte do Senhor, não permitindo que ele cumpra em nós a sua vontade?

Eu fui covarde durante anos, toda vez que eu percebia o realinhamento do Senhor, em que eu percebia a dimensão do meu chamado eu me sabotava, fazia alguma coisa que entristecia o Espírito Santo e não era intencional, eu tinha tanto medo, por que me sentia pequena demais para tudo que Deus queria fazer através de mim, que era automático, eu fazia como Jonas, tentava fugir da vontade de Deus, e quando dava por mim, a minha fuga só me levava para mais perto do que ele queria.

Deus é assim incrível, amoroso, misericordioso, poderoso, não é como nós humanos, o que provavelmente diríamos para alguém como nós? *"Você não quer? Tudo bem! Tem quem queira"*. Se fossemos nós, teríamos deixado Jonas morrer no ventre do peixe, só para ele aprender, mas Deus é benigno, longânimo, ele é o Deus cuja a misericórdia se torna nova a cada manhã, *"Graças ao grande amor do Senhor, é que não somos consumidos pois as suas misericórdias são inesgotáveis, renovam se a cada manhã, grande é a sua fidelidade"* (Lm 3:22,23).

Confiança

"Ele respondeu: por que a fé que vocês têm é pequena. Eu asseguro que, se vocês tiverem fé do tamanho do grão de mostarda, direis a esse monte, passa daqui para acolá, e há de passar, e nada vós sereis impossíveis" (Mt 17:20).

Muito se fala da incredulidade de Tomé, mas vivemos na geração que tenho fé até certo ponto ou até certo número de dias, uma fé que não é alicerçada em Cristo, e sim na derivação das circunstâncias, uma fé sem consistência gradual, não agrada a Deus.

Quando tinha três anos, minha filha caçula aproveitou que eu estava distraída, subiu a mesa de jantar, me chamou e em seguida se jogou para que eu a pegasse, ela não considerou a distância em que eu estava dela, ou o quanto se machucaria se caísse no chão, ela me olhou e confiou que eu nunca a deixaria se machucar e se jogou, e como ela previu eu a peguei a tempo, e ela não caiu no chão, enquanto eu quase infartava, ela gargalhava, ela não teve medo em nenhum momento. É esse tipo de confiança que Deus espera que seus filhos tenham nele, quando Jesus disse em Mateus 18:3 que era necessário ser como uma criança para entrar no céu, ele se referia também a essa qualidade das crianças, de confiar.

A bíblia afirma que a fé vem pelo ouvir a palavra, quanto mais conhecemos a palavra mais aprendemos acerca de Cristo, é impossível você amar e acreditar em alguém que você não conheça, a falta de uma fé firme em Deus é mais um sintoma do mal desse século.

O primeiro verso do Salmos 91 expressa o motivo da tranquilidade de Davi, em circunstâncias caóticas, *"Aquele que habita no esconderijo do altíssimo, a sombra do Onipotente descansará"*. Ele entendia que aquele que estava sobre a proteção de Deus, não tinha motivos para se desesperar, *"Pode dizer a ele: Ó senhor Deus, tu és meu defensor, e o meu protetor. Tu és o meu Deus, eu confio em ti."* (SL 91:2).

Você pode estar passando pelo vale da sombra da morte, ou estar como a mulher do fluxo de sangue, sem esperança, desenganada pelos médicos, sua despensa está vazia, e você diz: Vou cozinhar minha última refeição, então irei deitar e esperar pela morte, será que hoje você pode olhar através da dor e dizer: Tu és o meu Deus, eu confio em ti, eu sei que me cobres com tuas asas, sei que estou seguro, você está seguro.

"Quando você atravessar águas profundas, eu estarei ao seu lado, e você não se afogara. Quando passar pelo meio do fogo, as chamas não o queimarão" (Is 43:2).

Seja qual for a sua dor hoje, tenha fé, você está nessa situação nesse momento, mas esse momento não durará para sempre, você

não está sozinho, em todo esse tempo Deus sempre esteve com você, colhendo seu pranto, te acalentando, a dor não vai te destruir, por que ele é o seu consolo, assim como Davi você pode descansar por que o Senhor é o seu refúgio.

Você não pode fazer distinção de pessoas

E m uma apresentação escolar e em grupo ou para trabalhar em um projeto na igreja, as pessoas que você se aproxima no trabalho, como elas são? Geralmente nos aproximamos e nos associamos a quem temos de cara afinidades, desprezando assim quem acreditamos não ser bom ou inteligente o suficiente para andar conosco.

Somos criteriosos com nosso círculo de pessoas próximas, não temos tempo, nem paciência para nos permitir conhecer aqueles que de imediato, taxamos de complicados ou esquisitos, não toleramos comportamentos que não condiz com a nossa ideia de certo.

Muitas vezes somos impiedosos, preconceituosos, intransigentes... Nos esquecemos de que por trás de um rosto, há uma

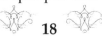

história, há alguém que às vezes mascara seu sofrimento, sendo desse jeito que te incomoda, você já se aproximou o suficiente para tentar conhecê-lo? Durante a minha adolescência, havia uma menina no meu bairro que não me suportava, que implicava comigo, que criava boatos ao meu respeito, e eu nunca entendia, já que nunca tinha feito nada a ela, mal sabia seu nome. Um dia cansada dessa situação, me aproximei dela e perguntei por que? E sua resposta me surpreendeu, ela me disse que me considerava metida e arrogante por nunca ter a cumprimentado, então eu a perguntei: Você experimentou me conhecer antes de me difamar? E ela se calou por um tempo, aproveitei a oportunidade e me apresentei e expliquei que era a timidez e a vergonha que fazia com que eu não a cumprimentasse e não arrogância. O problema se resolveu a partir daquele momento.

Um dos grandes defeitos que possuímos é o prejulgamento, nos julgamos e condenamos alguém sem ao menos conhecê-lo. Vamos deduzir que sua opinião a respeito dessa pessoa esteja certa, você perde muito quando só consegue trabalhar com quem pensa igual a você, pessoas assim não agregam na sua vida, diferente de pessoas que nos desafiam, elas nos ensinam e nos motivam a dar sempre o nosso melhor em tudo.

Enquanto eu escrevia esse capítulo, me lembrei dos valentes de Davi, homens que estavam em apertos, endividados, amargurados, que foram ao seu encontro na caverna de Adulão, Davi na ocasião fugia do Rei Saul, e naquele momento um exército pronto seria muito bem vindo, mas Deus enviou homens com espirito abatido, que precisavam de alguém para os encorajar e animar. Veja a ironia, Davi que estava fugindo mesmo sendo inocente, se viu obrigado a sair da sua casa e viver escondido para não ser morto, Deus não envia pessoas para cuidar das feridas emocionais de Davi, Deus envia pessoas para que ele cuide, isso nos mostra, que enquanto estamos cuidando de alguém, Deus vai trabalhando dentro de nós.

E esses homens então quebrados emocionalmente, despreparados, são treinados e qualificados para se tornarem o exército do futuro rei de Israel, *"Mas Deus escolheu as coisas loucas deste mundo para confundir as sábias, e Deus escolheu as coisas fracas deste mundo, para confundir os fortes, E Deus escolheu as coisas vis deste mundo, e as desprezíveis, e as que não são, para aniquilar as que são, para que nenhuma carne se glorie perante ele"* (1 Co 1-27,29). Por esses versículos do apóstolo Paulo, entendemos por que Deus não chama ninguém que já se considera pronto, lembra da escolha de Jesus para discípulos?

Na sua grande maioria pescadores, pessoas simples com trabalhos comuns, que tinham famílias para sustentar, impostos a pagar. Ele não foi atrás de doutores da lei ou fazendeiros, ou talvez atrás de herdeiros ricos sem preocupação financeiras e condições de sustentar o seu ministério, ele buscou por um pescador impulsivo, e um cobrador de imposto detestado por sua profissão, enquanto todos viam características negativas desses homens, ele via em que se tornariam, somos a todo tempo subestimados pelas pessoas, elas olham quem somos, Jesus olha para quem nos tornaremos, eles olham nossas falhas e contam nossos defeitos, Jesus nos faz olhar para cruz e nos faz lembrar que é o sangue dele, o símbolo máximo do seu amor que nos purifica dos nossos erros e dos nossos pecados.

Como canta Fernandinho *"Que nos lava do pecado, que nos traz restauração, nada além do sangue de Jesus...Eu sou livre, nada além do sangue de Jesus"*. *"Se pois o filho vos libertar, verdadeiramente sereis livres"* (Jo 8:36).

Mesmo parecendo não é o fim

Às vezes doí, doí, mas do que queremos admitir, é aquela dor que parece não caber no coração de tão grande, em 2 coríntios 4:8,9 e 17 o Apóstolo Paulo diz o seguinte *"Em tudo somos atribulados, mas não angustiados, perplexos, mas não desesperados, perseguidos, mas não desamparados, abatidos, mas não destruídos. (17) Por que a nossa leve e momentânea tribulação produz para nós, cada vez mais abundantemente, um eterno peso de glória"*.

Ficamos tristes sim, desanimados? Às vezes, somos humanos, porém, temos em quem nos escorar, não devemos nos perder em desespero, em Cristo teremos sempre esperança. *"Os que esperam no Senhor, renovarão as suas forças, subirão como asas de águia, correrão e não se cansarão, caminharão e não se fadigarão"* (Is 40:31),

estamos vivendo tempos difíceis, são ataques de todos os aspectos, e, mais uma vez retornamos a Efésios 6, precisamos estar protegidos com nossas armaduras espirituais para essa batalha, precisamos estar bem alimentados da palavra, em uma guerra a falta de equipamentos específicos nos deixam vulneráveis, e a falta de alimento nos deixa enfraquecidos no momento da batalha.

Então o resultado de como vamos sair de tudo isso, vai depender de como nos preparamos, lembre-se sempre, quando estivermos feridos após um ataque, nosso inimigo não nos dará tempo para nos recuperarmos, então continue mesmo doendo, continue mesmo chorando, continue.

"Por que os que semeiam com lágrimas, com cantos de alegria colherão" (Sl 126:5).

Em seus momentos de angústia Davi sempre estava em reflexão e oração, em Salmos 56 podemos observar isso, ele pede misericórdia em meio às situações difíceis, ele alega que mesmo se chegar a ter medo, continuaria a confiar em Deus, ele fala que seus inimigos distorcem suas palavras e o vigiam o tempo todo, ele se desmancha diante do Senhor com suas lágrimas, ele louva a Deus por suas promessas, e reitera que sua confiança em Deus, faça que ele não tema o mal que possam lhe causar.

Confiar é entregar a responsabilidade a alguém, Davi entrega toda as suas dores e preocupações a Deus, acreditando de todo coração que Deus cuidaria, é esse sentimento que Deus espera de nós em todo os momentos, Deus espera que apesar da dor, não nos esqueçamos de suas promessas, Cristo disse que estaria conosco todos os dias, até a consumação dos séculos, você já viu Deus voltar atrás em sua palavra?

Ele não mente (Nm 23:19), sendo assim, independentemente do que você esteja passando nesse momento, anime-se Deus está com você, ele nunca vai te deixar só.

Tem um hino da cantora *Bruna Karla*, que quando eu ouço me desmancha na presença de Deus, o título é *"Pai eu confiarei"*.

"Eu sei que a caminhada é tão difícil de seguir, é tão bom estar sorrindo quando tudo vai bem, eu quero ver tua fé quando o mundo te esquecer, lembrarás que eu sou o teu Deus?

Deixarás te levar? Vai em mim descansar? Lembrarás das promessas que te fiz? Quando for impossível, clamaras a mim? Lembrarás que sou seu pai ou me esqueceras?

Eu sempre respondo, Senhor eu confio em ti."

Confiar é entender que para nosso crescimento, que para glória do nome dele, haverá sofrimentos que teremos que passar, mas nunca estaremos sozinhos, lembram de Sadraque, Mesaque e Abedenego? Eles entraram na fornalha, mas a fornalha não causou danos a eles, assim como essa situação que você está passando, não te causará danos, você sairá vitorioso por que Deus está com você.

Sobrevivendo as frustrações

S abe aquela expectativa, à espera do que se quer muito? Pode ser um filho, que por anos se tentou e não engravidou, ou diagnóstico de cura após meses de quimioterapia, ou sua casa própria.

Aquela esperança que agora vai dar certo, e de repente a resposta for negativa, você não está grávida realmente, foi só psicológico, ou apesar da quimioterapia não houve uma regressão considerada do seu tumor, ou apesar de tudo parecer que finalmente vai dar certo a sua tão sonhada casa não será sua? Você consegue compreender o sentimento de frustração que advém de situações assim? Eu sim, primeiro pelo filho que durante anos orei ao Senhor, e depois pela casa que tanto queria, e tudo estava indo bem, até o fato de termos um carro financiado, barrou nossas possibilidades frente ao banco.

Sabe o que eu fiz? Eu chorei, eu entrei no meu quarto e chorei, baixinho sem dizer nenhuma palavra, por que Deus entendia o motivo do meu choro, não reclamei, apenas chorei até o Espírito Santo trazer alívio ao meu coração. Depois fiquei um bom tempo ouvindo louvores, e deixando que Deus falasse comigo através deles.

Não é fácil viver nesse mundo, às vezes lutamos tanto e o resultado esperado não vem, então nos bate um desânimo, uma incapacidade de reagir, nesses momentos o Espírito Santo nos faz lembrar de Davi, da agonia de saber que um de seus filhos abusou da própria irmã, e logo depois ser perseguido e ter o reino usurpado pelo outro filho.

Cada um sabe o peso da sua cruz, mas uma coisa é certa, Deus sabe que você aguenta, e quando o peso for além da sua capacidade, o próprio Deus retira de você. Somos humanos, podemos chorar, mas não nos desesperar, por que Deus nos diz em sua palavra, que ele *"Nosso Deus nos dará muito além do que pedimos e esperamos"*. Confie que enquanto Deus está em silêncio, ele está preparando para você, muito mais do que você almeja, não perca a fé, Deus sempre estará com você, cuidando de cada aspecto da sua vida, ele te ama, você já viu um pai não prestar socorro a um filho quando ele precisa? Muito menos o Senhor nosso pai, ele sempre chegará no tempo exato para te trazer auxílio.

Lembra de Lázaro? Há quatro dias falecido? Aos olhos humanos já era tarde demais, mas essa palavra não existe no vocabulário de Deus, talvez como Marta e Maria já faz algum tempo que você sepultou algo importante pra você, e apesar da dor, já aceitou isso como definitivo. Ei! Não desista ainda, Jesus está chegando, seja qual for o motivo de você ter parado, desanimado, se colocado de luto. Jesus está chegando, e onde ele chega tudo se torna diferente, Jesus é a mudança que você precisa, que o mundo precisa.

Lucas capítulo 7 narra um encontro transformador, Jesus junto aos seus discípulos seguidos por uma multidão, começa ir em direção a cidade de Naim, e já perto da entrada encontra outra multidão vindo no sentido oposto ao dele, naquela multidão uma mulher viúva estava prestes a sepultar seu único filho, imagine o tamanho da dor e do desespero dessa mulher, em seu coração já não existia esperança, o que ela tinha de mais importante se foi e ela estava só a partir daquele momento. O que ela não sabia era que naquele dia, o dia do desespero, o dia da desesperança, o dia em que provavelmente ela sentia que tudo tinha acabado para ela, ela encontraria a vida.

Assim acontece em nossas vidas, no ápice do desespero Jesus chega. A bíblia narra que quando olhou aquela mulher Jesus se compadeceu dela e disse: *Não chores!*

Como você diz a uma mãe prestes a enterrar seus filhos para não chorar? Ou como você diz a alguém que se descobre doente terminal para não chorar? Parece insano, mas Jesus disse não chores.

Eu não tenho ideia do que você tem passado até aqui, ou quantas vezes pensou em se entregar a dor, as pessoas veem o seu sorriso, mas não conseguem enxergar o buraco no seu coração, mas Jesus viu, ele te diz não chores, eu cheguei, eu estou aqui com você.

"*Ele se aproximou do caixão e o tocou, e os que carregavam para-ram, então ele disse: Jovem levante se! O jovem sentou e começou a con-versar, e Jesus o entregou a sua mãe*"

Você ainda acredita que o mesmo Jesus não possa fazer o mesmo por você? O que foi sepultado? Seus sonhos, sua alegria, sua expectativa? Se você acreditar e permitir, Jesus pode trazer tudo de volta a vida.

Quando as más notícias
tentam nos desestabilizar

Imagine que, você está em sua casa, e de repente chega alguém e diz: eu não sei como te dizer isso, mas os seus bens foram confiscados pelo governo, a partir de hoje você não pode fazer nenhuma movimentação bancária, em seguida você recebe um e-mail do trabalho pedindo para no dia seguinte você comparecer ao Rh, você mal termina de ler e chega outra pessoa e diz: seus filhos estavam indo para uma festa e colidiram com outro veículo, não houve sobreviventes, o que você faria com tantas más notícias? Ah! Seu médico liga, sabe aqueles exames de rotina que você fez? Então, você está com câncer em estado avançado.

Quaisquer pessoas nesse momento entrariam em choque, talvez até parassem em um hospital, após o choque choraria, se

lamentaria, questionaria, sentiria raiva, todos sentimentos humanamente normais.

Mas a bíblia fala em Jó capítulo 1:21 que Jó rasgou suas roupas e adorou ao Senhor, aí você me pergunta como assim adorou? Depois de todas as suas perdas financeiras, familiares ele ainda conseguiu adorar a Deus.

Se você estuda a passagem da vida de Jó, você passa entender o seguinte, ele já era adorador antes da tragédia, os males não mudaram o caráter dele, e a fidelidade dele lhe trouxe a restauração.

Vivemos uma realidade cristã de árvores lindas, porém sem raiz, então na primeira tempestade ela é levada, Jó foi bombardeado de notícias ruins. Doeu? Claro que sim! Chorou? Evidentemente! Ele era pai, se perder os bens é difícil, imagina perder os filhos? Mas ele não se voltou contra Deus. *"Nu sai do ventre da minha mãe, e nu tornarei para lá, o Senhor deu, o Senhor tomou, bendito seja o nome do Senhor"* (Jó 1:22).

Ele entendia que nada havia trago para esse mundo, e tudo que ele tinha vinha de Deus, nada trouxemos para esse mundo, e tudo que temos vem de Deus, mas às vezes nos esquecemos disso, queremos nos apropriar daquilo que não é nosso, até a nossa vida pertence a Deus, ele deu, ele pode tirar.

É impossível entender a vontade de Deus, nos cabe somente aceitar, é difícil não sofrer, não chorar, quando aquilo que amamos ou batalhamos tanto para construir é tirado de nós, a nossa razão quer uma explicação, mas a nossa fé nos faz vê que ele sabe o que melhor para nós, mesmo que doa hoje, ele sabe o que está fazendo.

Eu tive uma grande dificuldade para engravidar, foram alguns anos de oração e lágrimas, até o meu Kaio ser gerado no meu ventre, quando peguei o resultado do exame de sangue, tive um bugue e só ficava repetindo não acredito, não acredito... Foram vários testes de farmácia e de sangue a cada atraso menstrual, e muitas lágrimas de frustrações, a cada novo resultado negativo me fazia perder a esperança que um dia seria mãe. Quando Deus usou minha mãe para me dizer que me via gerando, não um, mas dois filhos, não foi uma gestação de gêmeos, só para que vocês possam entender, e isso renovou minha esperança, três meses depois eu descobri que esperava meu primeiro filho.

Foi uma gestação muito difícil, mas quando eu segurei meu filho a primeira vez no colo, todo sofrimento a qual eu havia passado perdeu a importância, e Deus cumpriu o que havia me prometido desde o início do meu casamento.

Na primeira vez que o Kaio, ainda bebê ficou doente, eu me lembrei de Abraão, 25 anos à espera de Isaque, e Deus fala: Abraão pega o seu único filho a quem tanto amas, Leve a terra de Moriá e ofereça o a mim, e Abraão fez exatamente como o Senhor pediu, eu orei durante 3 anos para ter um filho, e naquele dia no hospital estava surtando com medo de perder meu filho, e Abraão que já era idoso, que havia esperado por 25 anos, obedeceu sem pestanejar.

Sabe o que é isso? Confiança na promessa. Deus prometeu uma descendência enorme a Abraão, e contra toda lógica ele confiou e se prendeu a isso, enquanto caminhava com seu filho ao monte Moriá.

Me sentia constrangida quando o Espírito Santo me fez pensar em Abraão, eu tinha 25 anos, e tinha ainda a promessa de Deus de ter dois filhos, e no primeiro teste de confiança eu vacilei, a fé de Abraão nas promessas de Deus, fez com que ele mantivesse sua fidelidade.

Às vezes tudo que Deus quer saber na prática é quem é prioridade em nossa vida, quem é o seu tesouro, não é isso que diz em Mateus 6:21? *"Pois onde estiver seu tesouro, ali também estará seu coração"*. Na teoria falamos: ah! Deus é tudo pra mim, Deus é a razão da minha vida, aí às vezes ele permite passarmos por perdas significativas como foi com Jó, ou experiências torturantes como foi com Abraão, para na prática ver se o amamos mesmo como tanto dizemos.

Quando meu filho Já estava com três anos, descobri um cisto enorme no meu ovário direito, minha médica quis tentar primeiro com anticoncepcionais para tentar diminuí-lo, antes de tentar uma abordagem cirúrgica. Na ocasião eu a havia procurado, por que meu marido e eu decidimos que queríamos outro filho, e esse cisto seria um problema, mas aí me lembrei do que o Espírito Santo havia me ensinado quando meu filho ficou doente, e lembrei da promessa de Deus e fiquei tranquila, nem com o meu marido comentei, eu pensava: foi Deus que prometeu, então com ovário direito ou não a promessa vai cumprir, e foi assim que aconteceu, em menos de quatro meses eu estava grávida da minha filha.

Quando passamos a conhecer o Senhor, as más notícias não conseguem nos desestabilizar, em 2 Timóteo 1:12 b o Apóstolo Paulo diz *"Eu sei em quem tenho crido..."* E você? Sabe em quem crê? Sabe a imensidão do poder dele?

Fé para seguir a Jesus

Hoje e eu estava ensinando meu filho a passagem do jovem rico, que se encontra em Mateus 19:16, quando o jovem se aproxima e pergunta a Jesus, o que seria necessário ele fazer para ganhar a vida eterna.

E Jesus começa a dizer: *"Não matarás, não adulteras, não furtaras, não darás falso testemunho, honra teu pai e tua mãe, amarás teu próximo como a ti mesmo."*

O jovem provavelmente alegre responde: tudo isso já faço, o que me falta ainda? E Jesus fala: *"Se quiser ser perfeito, vá venda seus bens e distribua o dinheiro entre os pobres, e você terá um tesouro no céu, e depois venha e me siga"*

O resultado não foi outro, o jovem foi embora triste, sabe por quê? Por que o apego o que tinha era grande, ele não conhecia realmente Jesus, por que se conhecesse teria fé o suficiente, para

abrir mão de todos os seus bens e segui-lo, certo que Jesus proveria seu sustento.

Vivemos uma realidade em que a maioria das pessoas em um diálogo com Jesus, nem chegaria a essa parte, vivemos em um mundo onde as pessoas se esquecem com facilidade de Deus, por que não o amam, onde não honra aos pais, onde a mentira impera, e o amor a si mesmo prevalece, onde tantos dizem conhecer Jesus e sua palavra, mas se esquecem, que saber tudo sobre Jesus não os levará ao céu, praticar sua palavra sim.

Jesus diz ame seu próximo como a vocês mesmo, sinta a dor dele, se ponham em seu lugar, isso se chama empatia.

Eu estava explicando meu filho sobre a fé e a obra baseado nesse texto, muitos conhecem a lei, mas não tem fé para executá-la, o caminho ao céu, é como as matérias escolares, você precisa ser aprovado em todas as matérias para passar de série.

Precisamos de uma vivência plena com Deus, se quisermos morar com ele algum dia, vencer batalhas só é possível quando temos Cristo a frente.

Abrir mão de tudo que se tem para segui-lo é um desafio de fé. O que prendia aquele jovem era a sua riqueza, o que tem na sua vida que é necessário abrir mão para segui-lo e você não consegue?

Marcos 8:36 Jesus diz o seguinte; *"O que adianta ao homem ganhar o mundo inteiro, e perder a sua alma?"*

O que adianta tudo que você tem hoje e não consegue abrir mão, e no fim perder sua alma? E não me refiro somente a bens materiais, me refiro a inveja, ao orgulho, a hipocrisia, rancor, e tantos outros sentimentos negativos que gostamos de cultivar dentro de nós, que nos afasta de Deus.

Apóstolo Paulo em Filipenses 3:13,14 fala da seguinte forma. *"Irmãos, não penso que eu mesmo já o tenha alcançado, mas uma coisa faço: esquecendo-me das coisas que ficaram para trás e avançando para as que estão adiante, prossigo para o alvo, a fim de ganhar o prêmio do chamado celestial de Deus em Cristo Jesus"*

Deixe para trás tudo que passou, e a partir de hoje comece uma nova vida, todos os dias Deus nos abençoa com uma nova oportunidade de recomeço, olhe para Jesus, para seu imenso amor, ignore os julgamentos, o sangue de Jesus anula qualquer que seja o nosso pecado, eu sei que é difícil estar sozinho nessa caminhada que chamamos de vida, mas você não precisa estar mais só, se renda ao amor de Deus, que ele fez uma promessa, que mesmo na dificuldade, nunca abandonaria os que se entregam a ele.

Ele só precisa que você diga sim, sim eu te recebo Senhor na minha vida, e deixa que as demais coisas ele vai cuidar para você.

A tua vontade Senhor, não a minha

E u devia ter entre 15 a 16 anos, eu desde muito cedo gostava de estar nas consagrações e de andar com as irmãs mais idôneas, em uma ocasião uma irmã convidou minha mãe para fazer visita ao hospital, naquele dia especificamente a visita seria a um rapaz de no máximo 20 anos que estava muito mal e os médicos não conseguiam diagnosticar a causa.

Minha mãe me chamou para ir com ela, por eu ser jovem também, facilitaria a conversa com o rapaz.

Naquela tarde nos oramos por ele, e após minha mãe ler a palavra, ele se converteu a Cristo, eu tinha tanta fé que ele se recuperaria, que eu segurei a sua mão e disse que deixaria meu número de telefone, para quando ele se recuperasse eu pudesse o ajudar a dar os primeiros passos como cristão.

Deixei meu número e fui embora tranquila, uma semana depois meu telefone toca, por não reconhecer o número deduzi que pudesse ser ele trazendo boas notícias, mas não era, ele havia falecido durante a noite, e ao arrumar seus pertences no hospital, seu irmão achou meu número e achou que devia me informar.

Quando desliguei aquela ligação chorei muito, muito mesmo, eu realmente acreditava que ele se salvaria, e entre lágrimas perguntava a Deus, por que ele havia me feito dá esperança a alguém que no fim morreria, eu me sentia uma mentirosa, e fiquei um tempo brava com Deus, acredite ou não, tive a audácia de ficar brava com Deus. Depois de um tempo o irmão dele me procurou, e me disse que apesar da saudade que sentiria, tinha sido melhor assim, por que seu irmão só se envolvia em coisas erradas, e que se sobrevivesse não demoraria a voltar as práticas antigas e acabaria morrendo baleado por alguém.

Então eu entendi, eu não menti eu disse que ele ficaria bem, e ele ficou, por que Deus o salvou, ele precisava de esperança e eu o dei, uma coisa que aprendi com tudo isso, é que pior que seja o diagnóstico, e mesmo que o plano de Deus não seja preserva a vida, o intuito sempre será salvar a alma, então não podemos tirar a esperança dessas pessoas.

Quando se trata de se condicionar a vontade de Deus, nos cantamos, *"se Deus fizer ele é Deus, se não fizer ele Deus..."*, mas será que na prática é realmente assim que agimos?

"Se a porta abrir ele é Deus, mas se fechar continua sendo Deus, se a doença vier, ele é Deus, se curado eu for, ele é Deus, se tudo dê certo, ele Deus, e se não dê continua sendo Deus" Esse foi o louvor mas cantado em 2019, do cantor *Delino Marçal*, mas o que vemos na realidade é: se Deus me der, ele é Deus, quando as portas abrir, ele é Deus, se curado eu for ele, é Deus, se tudo dê certo, ele é Deus,

mas se não der, ele deixa de ser Deus na vida de muitas pessoas. É um amor, uma fidelidade condicional, Deus nem sempre fará o que queremos, o pai não dá, por que o filho vê o hoje, a visão do pai vai mais além, nem sempre você vai ter o que quer, mas Deus sempre te dará o que você precisa. Entenda diferenciar o querer, do precisar, aprenda a agradecer pelo que já possui, o que para uns é pouco, para outros que não tem nada é tudo.

Você pode não entender muitas coisas que Deus permite na sua vida hoje, mas um dia você enxergara o propósito.

Ao pensar sobre o ciclo natural das coisas, altos e baixos, coisas boas e ruins, me lembrei da história de Noemi, sogra de Rute, o livro de Rute começa com a narração de como Noemi, seus filhos e marido em tempo de fome saem de seu povoado, que ficava em Belém e vai para Moabe, e após a morte de seu marido, seus dois filhos se casam com mulheres moabitas, mas após dez anos esses filhos morrem.

Entendendo a história sabemos como era difícil a vida de uma viúva, principalmente idosa naquela época, Moabe passava por um período de fome, e Noemi decidi voltar para Belém, ela aconselha suas duas noras a voltar para casa de seus pais, por que eram jovens e podiam casar se novamente, mas Rute se recusou a deixá-la.

Noemi que chegou em Moabe cheia de esperança e expectativa, não era a mesma que voltava agora depois de anos para Belém, essa nova Noemi ainda amava a Deus, mas estava tomada de intensa amargura e tristeza.

Sabe quando perdemos alguém que amamos e perguntamos a Deus o que fizemos para merecer tal sofrimento? Ou por que ele não fez alguma coisa? Então era dessa forma que Noemi se sentia,

em Rute capítulo 1 :20,21 ela fala para as mulheres que a reconheceu, *"Porém ela respondia: Não me chamem de Noemi a feliz, chamem-me de Mara a amargurada, por que o Deus todo poderoso me deu muitas amarguras. Quando eu saí daqui eu tinha tudo, mas o Senhor me fez voltar sem nada, Então por que me chamar de feliz, se o Deus todo poderoso me fez sofrer e me deu tanta aflição?"*

Eu vejo nos dias atuais muitas pessoas se sentindo como Noemi, frente ao luto, frente a doença, a traição, a decepção, o desemprego. Queremos entender porquê? Por que eu, se sempre fui tão fiel, por que se sempre fui uma boa pessoa, por que se sempre fui temente, ajudei os necessitados.... Por que eu?

Por que você é forte, mesmo que não se sinta assim nesse momento, por que você aguenta, ou Deus não permitiria se você não aguentasse, por que Deus tem um motivo que agora você não pode e nem consegue entender, mas isso não é o fim para você.

No decorrer dos capítulos de Rute, vamos entendendo como Deus não havia abandonado Noemi como ela supôs. A primeira providência de Deus, foi manter Rute na sua vida, o que Noemi não sabia era que através de Rute Deus a abençoaria e o nome de sua família seria perpetuado, ela não morreria sem deixar um legado, Deus enviou por meio do casamento de Rute com Boaz, proteção, prosperidade, continuidade de sua descendência.

Mesmo Rute não sendo sua filha, para proteger a continuidade da família, era determinado que quando uma mulher jovem ficasse viúva, o parente mais próximo do seu falecido marido, se casava com ela, mas os filhos que nascessem receberiam o sobrenome do marido morto, assim a linhagem dele não morreria.

Então quando nasce Obede filho de Rute, as mulheres comemoraram junto a Noemi e lhe disseram, *"seja o Senhor bendito, que*

não te deixou hoje de ter um neto, que será teu resgatador e que seja afamado em Israel o nome dele, ele será restaurador da sua vida e consolador da sua velhice..." (Rt 4:15).

Quando a alegria voltar a sua vida, você vai entender que havia um motivo, que Deus nunca te deixou e que sempre cuidou para que você não se sentisse abandonado, mas se a alegria ainda não chegou e tudo que você tem é dor e lágrimas, saiba que Deus vai restaurar e sarar seu coração, e assim como não foi para Noemi, essa tristeza não será o seu fim, Deus está preparando coisas novas para você.

Deus nunca vai desistir de você

Hoje eu estava vendo meu gato andando todo torto, uma semana atrás, quando eu chegava em casa depois de dar aula (sou professora particular). E o encontrei machucado após ser atropelado, fiquei em pânico, pode parecer exagero para alguns, mas para algumas pessoas como eu, esses pets fazem parte da família. A parte inferior do corpo dele estava bem machucada, uma perna quebrada, meu marido estava trabalhando, e eu naquele período tinha perdido meu cartão de crédito e não havia feito o pedido de outro, e quando liguei para clínica veterinária, e percebi que não tinha dinheiro suficiente para custear a consulta, e provável internação, entrei em desespero e comecei a chorar, minha filha de cinco anos era apaixonada pelo gato, e por milagre de Deus naquela noite, minha irmã tinha convidado ela pra dormir em sua casa.

Então ela não viu o estado precário do gato, eu comecei a chorar por impotência, meu filho de oito anos me vendo chorar, começou a chorar também, não havia muita coisa que eu podia fazer, então eu só pedia: Por favor Deus não o deixe morrer.

Eu perdi as contas de quantas vezes falei isso, peguei ele com cuidado, coloquei no local onde ele dormia, coloquei seu pote de água com 3 gotinhas de Dipirona, outro pote com leite, e deixei ele o mais confortável possível.

Naquela noite, nem eu ou meu filho conseguimos jantar, eu ficava pensando, poxa pretinho — é o nome dele —, por que você foi para a rua, como conseguiu sair de casa? Me sentia culpada, foi uma noite horrível, no dia seguinte um amigo me recomendou, levá-lo nessas lojas que vendem produtos para animais de estimação, e lá o dono da loja me recomendou um antibiótico, eu comprei de imediato e comecei a aplicar nele.

No dia seguinte ele começou a reagir, mas ainda não comia, e isso começou a me preocupar, ele oscilou durante alguns dias, entre estar bem e não estar, mas após uma semana a melhora foi considerável, e eu me lembro de estar entrando no banheiro, e ele veio me seguindo, parou a minha frente e ficou me olhando, eu comecei a fazer carinho em sua cabeça e o disse, mesmo todo torto e quebrado eu ainda te amo.

E isso me deu um estralo, por que Deus, se sente da mesma forma em relação a nós, ele pede para sermos cautelosos e não somos, ele pede para deixarmos nossa vida nas mãos dele, e nós queremos a todo custo o controle, Deus fala não, para nos proteger, e teimamos por que achamos que sabemos mais do que Deus o que é melhor pra gente, mas quando estamos machucados, quebrados, feridos, é para casa do pai que retornamos, por que sabemos que lá seremos cuidados, por que sabemos que apesar do resultado da nossa má escolha, mesmo estando todo torto e quebrado, Deus nos ama.

Seu amor é a única coisa real que podemos contar, a bíblia diz a seguinte coisa: *"Acaso pode uma mulher se esquecer do filho que ainda mama, de sorte que não se compadeça do filho do seu ventre? Mas ainda que esta viesse a se esquecer dele, EU, TODAVIA NÃO ME ES-QUECEREI DE TI"* (Is 49:15).

Deus *jamais*, preste atenção, *jamais* esquecerá de você, mesmo que você se afaste dele, mesmo que você o negue, ele sempre vai estar esperando você voltar, amor e misericórdia é um atributo da sua natureza, e mesmo que você pense: Ah! Eu já errei demais, Deus não vai me aceitar assim!

Ele vai, por que ele TE AMA, a palavra dele diz que o sangue de Cristo tem poder de nós lavar de TODO pecado, então deixa ele cuidar da sua ferida, ele te ama, mesmo todo quebrado, transfira para Cristo os seus fardos, ele promete trazer alívio para os que vão até ele, então vá, se lance nos braços do Pai.

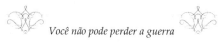

Aprendendo a ser grato

N ão só de aflição e angústia se vive o homem, há momentos de paz, alegria e bonança, nós conhecemos Deus nas adversidades, mas Deus nos conhece quando tudo está em paz, quando aparentemente não precisamos dele.

O ser humano tem um histórico de só procurar Deus nos momentos difíceis, e assim que as coisas melhoram de imediato esquece-lo.

Quer ver um exemplo na bíblia? O relacionamento de Israel com Deus. No Egito clamavam por socorro, e Deus os tirou de lá de forma milagrosa e surpreendente, foram quase quarenta anos peregrinando no deserto, e assim que tomam posse da terra que Deus os havia prometido, não só mantém os moradores locais contrariando as ordens do Senhor, como passam também a seguir os seus falsos deuses.

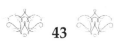

E claro essa fusão de etnia não deu errado no primeiro momento, mas todas às vezes que nós voltamos contra os desígnios de Deus, uma hora a conta chega.

Lucas capítulo 17 Narra a o encontro de Jesus com 10 leprosos, e Jesus os vendo teve compaixão, e mandou que eles fossem aos sacerdotes e mostrassem que haviam sido curados, e indo eles ficaram limpos, mas o versículo a seguir mostra que dos 10, apenas 1 que era samaritano retornou para agradecer. E Jesus o perguntou: "não foram 10 os limpos? Onde estão os 9, não houve mais ninguém para dar glória a Deus, a não ser esse estrangeiro?"

Hoje não é muito diferente, para receber bênçãos de Deus um monte, para agradecer apenas alguns.

Eu estava há algum tempo sem contato com um amigo, e estava bastante preocupada com ele, fiquei meses sem notícias, sempre enviando mensagens e não tendo respostas, mas essa semana ele retornou minhas mensagens. Ele havia sofrido um acidente grave, e tinha ficado tetraplégico, eu me choquei de imediato com a notícia, mas em seguida comecei a agradecer a Deus, ele estava vivo, e a vida é preciosa demais para não ser comemorada, no decorrer da conversa ele me contou que com a fisioterapia, já conseguia mexer algumas partes do corpo, e havia esperança para que voltasse a andar.

A possibilidade de ele voltar a andar me deixou alegre, por que acredito que a fé pode fazer qualquer coisa se tornar possível,

Não senti nele em nenhum momento, vestígios de depressão ou revolta, ao contrário percebi uma garra, e uma esperança genuína em sua recuperação.

Só damos conta do quanto somos ingratos em relação a Deus, quando somos confrontados com realidades mais difíceis do que a nossa.

Quando acordo pela manhã e vejo meus filhos ainda adormecidos em suas camas eu agradeço a Deus, quando estamos todos reunidos durante o almoço eu agradeço a Deus, quando meu marido chega em casa em segurança depois de semanas de trabalho longe da gente eu agradeço a Deus, agradeço todos os dias por tudo, agradeço quando as coisas dão errado também, agradeço quando perco o ônibus quando estou chegando ao ponto — mesmo atrasada para um compromisso —, agradeço quando eu planejo uma coisa é não dá certo, por que aprendi que Deus é meu pai e me ama, e mesmo nas coisas que eu considero negativas, dele pode estar vindo livramento.

Então mesmo quando tudo parecer difícil, agradeça você não sabe do que Deus está te livrando, e o que trará para sua vida com isso.

O maior amor do mundo

O que você faria por um amigo, até onde iria por ele? E por um desconhecido ou por alguém que você não tivesse tanta afinidade?

Não estou falando de emprestar dinheiro, ou se tornar fiador de alguém, ou até mesmo doar alimento e roupas. Estou falando sobre: se você e essa pessoa estivesse em perigo, e só houvesse chance de um sobreviver, você morreria para que ela tivesse a chance de ser salva? Ou você se salvaria e a deixaria lá para ser morta?

Você sabia que alguém já tomou essa decisão por nós? Que poderia escolher se salvar, mas optou em morrer para que hoje nos vivêssemos?

Muitas pessoas banalizam esse sacrifício, por que não tem coragem de enfrentar a verdade, e a verdade é que por mais que

gostemos de alguém, nunca colocaria a vida dela a frente da nossa, a verdade é que por melhores pessoas que possamos nos considerar, nunca morreríamos por alguém que não gosta de nós, mas querendo encarar a verdade ou não, Cristo fez isso por você e por mim, para que tivéssemos uma chance, de sermos salvos, para que nunca mais estivéssemos sozinhos.

Até que ponto vai a nossa bondade, nosso amor e compaixão? A dele o levou até a cruz, consegue se imaginar sendo pregado em madeira em formato de cruz, durante todo dia no sol, por pessoas que nem estão nem aí por você? Ah! Mas antes disso teve as chicotadas, as humilhações públicas, o xingamento, o deboche, e eu e você em seu lugar só pensaríamos em vingança, mas ele só conseguia oferecer perdão, mesmo sem eles o pedirem.

Muitas desassociam esse fato da sua vida atual, fazem como Pilatos fez, e pensam: esse fato nada tem a ver comigo, talvez pensar assim por um certo tempo, o permita dormir tranquilamente, o fazem acreditar que não precisam de perdão, mas sabe o que é incrível no amor de Jesus? É que ele independe da sua vontade, você o amando, ele te ama, e se você não o amar, ele te ama do mesmo jeito.

Temos por hábito sofrer por antecipação, por fatos que ainda nem ocorreram, por isso somos tão ansiosos, agora imagine se durante três anos e meio você vivesse sabendo como e quando morreria? E que alguns que te seguiam seriam responsáveis por isso, que um dos seus grandes amigos te venderia, imagina conviver com isso dia pós dias, semanas pós semanas, meses pós meses.

Com certeza nos daríamos um jeito de alterar esse resultado, mas alterar o resultado faria tantos outros morrerem sem serem salvos, o que faríamos?

Jesus manteve o plano, mesmo não me amando, mesmo me traindo, mesmo que alguns de vocês ainda nem nasceram, eu vou manter o plano, eu vou morrer para que vocês vivam.

Eu não consigo ler João 17:6 em diante sem chorar, por que depois de ter passado pela cruz, Jesus sabia que teria que voltar para o céu, mas ele ora a Deus para que cuidasse daqueles que através de sua palavra tinha sido salvo, mas não só desses, mas também por todos que ao longo do tempo receberiam a palavra. João 17:11 *"Agora estou indo para perto de ti. Eles continuam no mundo, mas eu não estou mais no mundo. Pai santo, pelo poder do teu nome, o nome que me deste, guarda-os para que sejam um, assim como tu e eu somos um."*

(João 17:20) *"Não peço somente por eles, mas também em favor das pessoas que vão crer em mim por meio da mensagem deles."*

(21) *"E peço que todos sejam um. E assim como tu, meu Pai, estás unido comigo, e eu estou unido contigo, que todos os que crerem também estejam unidos a nós para que o mundo creia que tu me enviaste".*

Esse amor lindo de Jesus por nós me comove, por que não merecemos, somos acostumados a amar quem nos ama, a fazer bem a quem nos faz bem, mas Jesus veio para nós mostrar um amor altruísta, onde o criador coloca a criatura acima de si mesmo por amor, ele não precisava descer do céu, ele não precisava morrer de uma forma tão humilhante, mas escolheu fazê-lo, para que hoje você fosse quem é, para que hoje tivéssemos direito ao céu.

A pergunta é: Como corresponder um amor tão grande assim?

João 14: 23 Jesus diz *"se me amam, obedeça a minha palavra."*

Aa palavra dele ensina que é a sua vontade, que seus filhos compartilhem da mesma unidade que ele tem com o pai.

"Faça aos outros, o que querem que eles façam a vocês." (Mt 7:12 a), em um mundo repleto de ódio, intolerância, desrespeito, inveja e tantas outras coisas abomináveis, compartilhe o amor, Deus é amor, Em Marcos 12: a partir do versículo 29 diz *"Jesus respondeu-lhe: O primeiro de todos os mandamentos é: Ouve, Israel, o Senhor nosso Deus é o único Senhor."*

(30) *"Amarás, pois, ao Senhor teu Deus de todo o teu coração, e de toda a tua alma, e de todo o teu entendimento, e de todas as tuas forças; este é o primeiro mandamento."*

(31) *"E o segundo, semelhante a este, é: Amarás o teu próximo como a ti mesmo. Não há outro mandamento maior do que estes."*

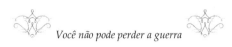

Não olhe para trás

Isaías 43:18,19 *"Não vos lembreis das coisas passadas, nem considereis as antigas.... Eis que faço uma coisa nova..."*

Olhar para trás nunca foi uma opção para aqueles que escolhem seguir a Cristo, eu me lembro que durante minha caminhada cristã, houve um período que me bateu um desânimo, parecia quer tudo estava estagnado, meu casamento, meu ministério... Sabe quando se faz muita força e se tem pouco resultado? Então, era assim que as coisas estavam para mim.

Uma das coisas que percebi na época, era que o desânimo havia me feito diminuir a quantidade das minhas orações, a minha frequência nos cultos, e a leitura da palavra.

Eu estava lá, sorrindo para as pessoas, cantando nos cultos que raramente eu ia, mas estava morrendo de inanição.

Eu trabalhei durante um longo período com o grupo jovem da minha igreja, e uma das coisas que eu sempre os lembrava, era para terem cuidado, por que no passado o diabo tirava as pessoas da igreja, mas hoje ele as mantém na igreja e as tiras da presença de Deus.

Eu estava fraca, estava sem alimento, já tentou ficar 12 horas sem comer ou beber água? E 24 horas? A tendência é a cada hora o corpo ficar mais enfraquecido, e na vida espiritual, funciona da mesma forma.

Um dia resolvi pegar a bíblia para e abri em João 6 a partir do versículo 59, Jesus ensinava na sinagoga e muitos dos seus discípulos, achando seu discurso duro demais começaram a se retirar e passaram não andar mais com ele.

E ele se direciona aos doze e pergunta: vocês também querem ir?

E no versículo 68 Pedro responde: "*Senhor, para quem iremos nós? Tu tens as palavras da vida eterna*".

E essa palavra bateu fundo em mim, para onde eu vou, se só Cristo tem a palavra de vida eterna? A partir daí eu fui pedindo ajuda a Deus para restaurar minhas forças, nós não conseguimos nos reerguer sozinhos, precisamos do auxílio do Espírito Santo,

E voltei a me alimentar da palavra, e isso me deu a força que eu precisava para continuar a caminhar.

Somos humanos, vai chegar momentos que nos sentiremos assim, abatidos, cansados, desanimados, independentemente do quanto você já foi ou é usado por Deus, há momentos que você só quer fazer como Elias, entrar em uma caverna e se esconder, aí o Espírito de Deus vai lá na caverna, te envia alimento e te fala:

Levante daí, não conclui a minha obra em sua vida ainda, se alimente por que sua caminhada é longa.

Vai ter caminhos na sua vida, que será só você é Deus, e isso te bastará, por que Deus é mais que o suficiente, Davi fala em Salmos 46 o seguinte: *"Deus É o nosso refúgio e Fortaleza, socorro BEM presente na angústia"*. Eu fiz questão de colocar em evidência o *"É"* por que indica tempo presente, ontem ele foi, hoje ele é, é amanhã ele será o seu socorro BEM presente....

Mesmo se você olhar em torno de você, e já não houver mais ninguém, Deus É seu socorro e ele está presente, então não há motivos para voltar atrás, por que Deus na angústia nos dá garantia de alívio e Vitória. Em Romanos o Apóstolo Paulo faz uma pergunta. Romanos 8:35. *"Quem nos separará do amor de Cristo? a tribulação, ou a angústia, ou a perseguição, ou a fome, ou a nudez, ou o perigo, ou a espada?"*

(38) *"Porque estou certo de que, nem a morte, nem a vida, nem anjos, nem principados, nem coisas presentes, nem futuras, nem potestades,"*

(39) *"Nem a altura, nem a profundidade, nem qualquer outra criatura nos poderá separar do amor de Deus, que está em Cristo Jesus nosso Senhor."*

Milagres existem acredite.

E u nasci epilética, minha mãe me teve aos 14 anos e teve eclampsia, ficou dias em coma, ela não era Cristã, mas minha avó era, e minha avó fez uma coisa que geralmente ninguém faz, um voto a Deus em nome de outra pessoa.

Minha avó votou a Deus, que minha mãe se converteria a ele se sobrevivesse, ela sobreviveu e se converteu, mas foi um voto bem arriscado.

Depois da conversão da minha mãe, demorou um pouco ainda para o meu pai se converter, eu tenho poucas recordações da minha vida antes dos 5 anos, eu sei que tomava Gadernal desde sempre, me lembro da última crise epilética que tive, lembro que

minha enfermidade fez com que meu pai começasse a caminhar para a igreja, lembro que meus pais começaram a fazer campanha para que Deus me curasse, e Deus me curou, nunca mais tive outra crise, meus pais me levaram ao médico e a última tomografia que fiz não apresentou mas nenhuma doença, e isso já tem mais de 29 anos.

É a primeira vez que falo sobre isso por que, sempre achei que apesar de eu ter sido a beneficiada, o sacrifício foi deles, o direito de testemunhar também era deles, mas hoje, em um momento em que muitos correm atrás de milagres, mas não se comprometem com o Deus que pode operá-los, em um momento que presenciar grandes milagres está cada vez mais difícil, dado o fato de não haver mais uma verdadeira busca pela presença de Deus achei necessário falar sobre esse assunto.

Mateus capítulo 8 Jesus era seguido por uma multidão, muitos recebiam bênçãos, mais não todos, só no capítulo 8 ele curou um leproso, curou o empregado de um oficial romano, curou a sogra de Pedro, libertou pessoas com possessões demoníacas, ele entra no barco com os discípulos e acontece uma tempestade enquanto ele adormece, desesperados os discípulos o acordam, e ele acalma a tempestade, onde Jesus passava coisas grandiosas aconteciam, mas muitas vezes a multidão que o seguia nada recebia.

Por que Jesus não quer ser seguido apenas, ele não precisa de acompanhantes, e sim de pessoas que ofereçam seus corações como morada dele, não adianta correr atrás de bênçãos, a bíblia fala que ela que vai nos alcançar Deuteronômio 28:2 "E todas essas bênçãos virão sobre ti e te alcançarão, se ouvires a voz do Senhor teu Deus". Há critérios para ser abençoado, muitas pessoas "desistem" de Deus quando seus pedidos não são atendidos.

Irmãos amados nós não somos Aladim e Deus não é o gênio da lâmpada mágica, ele é o Rei do universo, todo poderoso, majestoso, glorioso, maravilhoso, justo, Santo, Pai da eternidade, Príncipe da paz. Ele não vai nos atender sobre coerção, chantagens, pressão, ele nos atenderá quando nossa vida é coração for dele, quando existir fé em nós para esperar o tempo que ele achar que convém, quando a dor nos levar a louvar e não murmurar, então sim milagres começarão a acontecer.

Os milagres atestam a grandeza de Deus, seja para essa geração o milagre que eles precisam, divulguem o que Deus fez por você, a minha bíblia diz que ele é imutável, Jesus disse que em nome dele faríamos coisas maiores do que ele fez.

Ele ressuscitou mortos, curou enfermos, expulsou demônios... Queremos ver milagres, mas não queremos ser agentes desses milagres.

No início de 2019, eu estava trabalhando na minha loja, e meu marido disse que levaria meu sogro a um distrito próximo para resolver um assunto dele, e que levaria nossos filhos com ele. Era por volta de 17: 30 e eu disse: tá bom, vai com Deus, e voltei a trabalhar.

Fechei a loja as 19:00 horas e quando eu entrava em casa, meu marido entra pela garagem muito nervoso, no caminho até o distrito tentaram roubar o nosso carro, e os bandidos ultrapassaram nosso carro, pararam no meio da pista, ele reagiu de imediato fazendo o retorno, mas isso não evitou que dois disparos de bala acertassem nosso carro.

Quando ele me contou eu corri em direção as crianças, só queria saber se todos estavam bem, depois de verificar que sim, fui ver o carro, um tiro acertou o pneu e o outro entrou pela

lanterna e alojou no forro do porta malas, meu coração cantou de gratidão naquele momento, por que palavras não saia da minha boca, meus filhos estavam sentados no banco traseiro do carro e nada os aconteceu.

Isso é milagre ou, não é? Nosso Deus é o mesmo, os milagres continuam acontecendo, só não estão sendo divulgados.

Não corra atrás do milagre, procure pelo Deus que além de bênçãos, pode te dar salvação.

Paciência em meio a tribulação

É difícil, não é? Ter paciência quando tudo que queremos é que a dor passe? Tiago capítulo 5: 7 e 8 *"Portanto irmãos, sede pacientes até a vinda do Senhor. Eis que o lavrador espera o precioso fruto da terra, aguardando o com paciência, até que receba as primeiras e as últimas chuvas. Sede vós também pacientes, fortaleceu os vossos corações, porque a vinda do Senhor está próxima".*

E o que apóstolo Tiago quer dizer com isso? Você tem seu trabalho, e por mais difícil que seja, por mais problemas que você enfrente lá, você não vai pedir demissão as vésperas do pagamento, principalmente se você está no seu primeiro mês de trabalho.

A vinda do nosso Senhor está muito próxima, os sinais estão acontecendo de uma forma que não dá pra contestar ou ignorar, Jesus está voltando. Por mais dolorida e difícil que tenha sido a caminhada até aqui, a jornada já está quase chegando ao fim.

Tenha paciência, falta só mais um pouco agora, anima o seu coração, Apocalipse capítulo 21:4 diz *"Ele enxugara de seus olhos toda lágrima, e não haverá mais morte, nem haverá mais pranto, nem lamento, membro é, porque já as primeiras coisas são passadas"*

(7) *"Aquele que vencer herdará estas coisas, e eu serei seu Deus, e ele será meu filho."* Tudo que hoje te faz chorar vai passar, não importa quanto tempo você esteja caminhando, continue, não pare, por que só herdará o céu quem vencer... Eu sei que tem período que a gente caminha dizendo: Senhor me dê graça, Todos os dias eu peço a graça de Deus para poder continuar, pois todo dia é uma dificuldade nova, e eu me lembro de um louvor da *Cassiane*, e falo comigo mesma; vamos embora Cristiele, é só mais uma milha, e no dia seguinte falo a mesma coisa, é só mais uma milha.

E assim Deus vai dando graça para perseverarmos até o final. Há tantas promessas para quem permanecer fiel até o fim. Apocalipse capítulo 2:26 "Ao que vencer, e o que guardar as minhas obras até o fim, eu lhe darei autoridade sobre as nações."

Daniel capítulo 7:18 *"Mas os santos do Altíssimo receberão o reino e o possuirão para todo o sempre, sim, para todo o sempre"*

Apocalipse capítulo 3:5 *"O que vencer será vestido de vestes brancas, e de maneira nenhuma riscarei o seu nome do livro da vida, antes confessarei o seu nome diante de meu Pai e diante dos seus anjos"*.

Jesus sabia que não seria fácil, mas a recompensa vale a pena, e ele não nos deixou aqui pra passar sozinhos pelos obstáculos, ele deixou o consolador.

Salmos capítulo 126:6 diz *"Aquele que sai chorando, levando a semente para semear, voltará com cânticos de júbilo, trazendo consigo seus molhos"*.

Meus irmãos queridos, eu sei que dói as frustrações, as decepções, o luto, as ingratidões. Todos nós ou passamos ou passaremos por isso em algum momento da vida, mas fique firme, a palavra de Deus afirma, que com suas lágrimas você pode até molhar a terra durante o plantio, mas a colheita te trará alegria, e sua permanência no servir com fidelidade e perseverança te trará galardão.

Quando você acha que chegou ao fim, Deus revela seu propósito

Qual é o seu limite? Até onde você acha que suporta?

Em Genesis 37 a bíblia começa a narrar a história de um jovem de 17 anos, órfão de mãe, que tinha 10 meio irmãos e um irmão caçula filho do seus pais.

E logo no início da narração diz que ele não tinha uma boa opinião acerca de seus irmãos mais velhos, que ele era o filho que seu pai, mas amava e confiava.

Enquanto a gente vai lendo sua história percebe-se, que o fato de ele se fazer diferente dos irmãos, e isso agradar o seu pai,

começa a se criar uma situação incômoda no seio familiar, que potencializa quando ele começa a ter sonhos e partilha-los com sua família.

Mesmo não concordando com algumas atitudes de seus irmãos, José os amava, e até certo ponto confiava neles, nunca poderia passar pela cabeça de José, que existia tanto ciúmes em relação a ele, que seus irmãos desejavam sua morte.

Sendo assim, ele não se sentia em perigo ao estar sozinho entre eles, ou em confiar a eles seus sonhos, na teoria os irmãos mais velhos sempre serão protetores com os mais novos, mas não esses irmãos, esses se sentiam ameaçados com existência de seu irmão caçula, e queriam remover essa ameaça, o incômodo fervilhava em seus corações, mas a inveja eclodiu quando seu pai faz uma roupa que destaca o tamanho do amor pelo jovem José, agora é uma questão de tempo, mas o mal já está implantado em seus corações, inevitavelmente surgi a ocasião, José era o filho de confiança de Jacó, então não era incomum seu pai enviá-lo para ver onde seus irmãos estavam.

Ao verem José se aproximar eles decidem; hoje daremos um fim no sonhador, no menino dos olhos do nosso Pai, mas um dos irmãos decide intervir no plano homicida deles, ainda havia bondade no seu coração e aconselhou seus irmãos a jogar José em uma cova, o intuito de Rubén o irmão menos insensato era apaziguar seus irmãos a devolver José em segurança para seu pai.

Jogaram ele em uma cova vazia, e enquanto comiam passava uma caravana Ismaelita e decidem vender seu irmão como escravo e forja a morte dele para seu pai.

Agora imagina a cabeça de um menino de 17 anos, passar a entender a dimensão do ódio de seus irmãos contra ele?

Compreender que naquela manhã quando saiu de casa a mando de seu pai, foi a última vez que o veria? Seus irmãos não estavam lhe tirando somente a liberdade quando o venderam como escravos, estavam tirando dele tudo que entendia como família naquele momento, estava o tirando do seu pai que tanto amava, de seu irmão mais novo benjamim que era o que lhe restara de mais próximo da lembrança de sua mãe, estavam o afastando de seu povo, mas não do seu Deus.

Quando colocamos no nosso coração, que não existe situação ruim que possa nos afastar do nosso Deus, tudo fica suportável.

José agora está longe de tudo que conhecia e entendia, era escravo no Egito, na casa do capitão da guarda Potifar, apesar das circunstâncias desfavoráveis a ele, tudo que era colocado em suas mãos para fazer, ele fazia com zelo.

Ele era jovem, mas a traição que passou não o tornou rebelde, ou revoltado contra Deus, isso mostra que muitas atitudes que vemos em nossos jovens hoje, não há justificativa, apesar de ser escravo José era leal, e manteve sua fidelidade a Deus, e Deus estava com ele, Potifar passa a confiar em José de tal modo, que passa a confiar tudo que tinha em sua casa a ele.

Como estar em um país estrangeiro, longe de sua família não fosse prova o suficiente, a mulher de Potifar passa a ter interesse em José, que ao recusar pecar contra Deus, e o seu chefe, e acusado de assédio e é preso.

Mais uma vez ele é injustiçado, mas ainda assim se mantém firme na sua fé, e com o tempo devido a sua conduta vai ganhando a confiança do carcereiro, que vai lhe dando responsabilidade sobre todos os prisioneiros.

Enquanto está não prisão José tem muito tempo para pensar, sobre que havia o acontecido, durante toda narrativa vemos Deus estando sempre com ele, tratando dele, de suas frustrações, amarguras... Em determinado momento são presos juntos a José, o padeiro e o copeiro de Faraó, e durante uma noite os dois tem sonhos que não conseguem interpretar e recorrem a José, que cheio da presença do Espírito Santo, diz a cada um o significado e o que ocorreria com eles.

José fala ao copeiro: daqui a três dias sairás daqui, lembre se de mim, e faça menção do meu nome a faraó, as fim de que eu saia desse cárcere.

Mas o copeiro se esqueceu de José.... Às vezes parece que estamos esquecidos em uma situação ruim e mesmo percebendo enfaticamente a presença de Deus a todo tempo, parece que a situação não se reverterá, Deus usa o tempo a nosso favor, mesmo quando as circunstâncias são desfavoráveis aos nossos olhos, Deus está nos tratando e só sairemos da situação que nos incomoda quando estivermos prontos. 1 Pedro 1:7 diz: *"essas provações são para mostrar que a fé que vocês têm é verdadeira. Pois até o ouro, que pode ser destruído, é provado pelo fogo. Da mesma maneira, a fé que vocês têm, que vale muito mais do que o ouro, precisa ser provada para que continue firme. E assim vocês receberão aprovação, glória e honra, no dia em que Jesus Cristo for revelado."*

Deus não se esqueceu de José, assim como não se esquece de nenhum de nós, dois anos depois Faraó tem um sonho, pela qual ninguém consegue interpretar, então o copeiro lembra de José, e faz menção a faraó tudo que ocorreu durante sua estadia na prisão, e a forma que as coisas se deram na sua vida após José interpretar seu sonho.

E faraó de imediato manda chamar José. Ele se apresenta ao rei e vai logo dizendo; não depende de mim ó rei, mas de Deus a interpretação do seu sonho.

Após ouvir o sonho de Faraó, José interpreta e o aconselha, dias de fome chegaria à terra, mas antes viriam anos de abundância, o Conselho de José agrada faraó e seus conselheiros, e ele é nomeado governador do Egito, ele se torna a segunda figura mais importante depois de Faraó.

Deus sondou seu coração após anos preso, sua fé era a mesma, sua fidelidade era mesma, não havia mágoas ou ódio ali, ele estava pronto para que Deus enfim realizasse o seu propósito.

Às vezes nos questionamos o porquê de tanta agonia e sofrimento na nossa vida, se atente a uma coisa, Deus precisa trabalhar todos os sentimentos dentro de você, antes de cumprir o propósito pela qual te criou, não vamos sair de situação ruim nenhuma, antes estarmos amadurecido para assumir o lugar a qual Deus nos tem preparado.

Então, tome para si o Conselho de Davi em Salmos 37 :7, 8 que diz *"Descansa no Senhor, e espera nele; não te enfades por causa daquele que prospera em seu caminho, por causa do homem que executa maus desígnios."*

(8) *"Deixa a ira, e abandona o furor; não te enfades, pois isso só leva à prática do mal."*

Descanse no Senhor, ele sabe o motivo de tudo isso está te acontecendo, a bíblia diz que durante os sete anos de abundância, José armazenou grãos e quando a fome chegou à terra, só no Egito tinha alimento.

Muitas coisas ocorreram na vida de José até o reencontro com seus irmãos, mas quando isso aconteceu José já havia adquirido maturidade emocional, e invés de vingar-se, primeiro ele testou se o caráter deles havia amadurecido, depois se revelou e trouxe toda sua família para viver com ele no Egito.

José perdoou a traição, os anos que passou longe de seu pai, os anos de prisão, por que ele entendeu que mesmo que foi doloroso, Deus só poderia cumprir o propósito que já o havia mostrado em sonhos, quando ele estivesse maduro.

Deus vai cumprir tudo que te prometeu, mas supere a dor, supere a traição, supere o abandono, por que essas situações são ferramentas de Deus para te preparar, para onde você precisa estar.

Não saia do barco

L embro-me dê há uns anos atrás receber um telefo-
nema da minha irmã, e ela me disse: Eu tive um sonho, e Deus me mostrou eu, você e mamãe em um
barco, passávamos por tantas tempestades que o barco balançava
a ponto de parecer que cairíamos no mar, não tínhamos controle
do barco, íamos para onde a correnteza nos levava, mas durante
um momento aportamos em um cais, e quando íamos descer, um
homem nos falou para que voltássemos para barco, por que ainda
não era hora de sair. E conversando comigo ela disse, que no sonho pensou: Não acredito que vamos passar por tudo isso de
novo, no entanto nos três retornamos para o barco, e que no sonho
o homem deu a entender que não tínhamos controle da direção,
por que esse controle não pertencia a nós.

E eu disse: É hora de começarmos a nos preparar para as
tempestades, para quando ela chegar, estejamos fortalecidas.

E não demorou muito a chegar, era 2018 quando tudo começou, o marido dela perdeu o emprego, e teve que se mudar para trabalhar em outro lugar, nesse período ele se desviou da presença de Deus, ela que trabalhava em uma empresa há anos, se demitiu para morar em outra cidade com ele, assim como eu a minha irmã teve muita dificuldade de engravidar, o nascimento da filha dela foi resultado de muita oração e lágrimas, e nos identificávamos muito nesse quesito, morando longe da família pela primeira vez, com o marido trabalhando por mais de doze horas por dia, ela começou a ter dificuldades para ir à igreja, e como se não fosse bastante em um dia em que tudo estava bem, havíamos conversado pela tarde, eu havia visto minha sobrinha por chamada de vídeo e conversado com ela, quando marca onze da noite minha irmã mais nova me liga, me perguntando se sabia o que estava acontecendo.

Eu disse que não, que pelo que sabia todos estavam bem, então ela me pede pra ligar para essa nossa irmã que morava em outra cidade, por que nossa sobrinha estava na Uti, eu fiquei em choque, por que havíamos nos falado a tarde, e a menina estava bem, e em uma questão de horas ela estava na Uti, por que foi diagnosticada com um problema grave no intestino, e minha irmã falou que não podia conversar por muito tempo, por que a meia noite ela entraria em cirurgia, e eu disse a ela, que a meia noite todos nós estaríamos em oração, e que Deus até pede Isaque para testar nossa fé nele, mas Isaque não é o sacrifício, que minha sobrinha ficaria bem, e apesar de distante, estaríamos juntos buscando a Deus por elas.

Naquela madrugada ninguém da nossa família dormiu, até o término da cirurgia e a certeza que a nossa menina estava bem.

A vida é assim, quando menos esperamos, somos surpreendidos pelas tempestades, sabíamos que ela viria, estávamos em

oração, mas não sabíamos quem seria atingido primeiro ou de que forma ela veria.

Você já deve ter visto vídeos de tempestades em noticiários, em internet... Ela vem arrancando tudo que veem pelo caminho, se não tivermos alicerçados em Deus somos também levados por ela.

Tudo que nos aconteceu me fez lembrar da ocasião em que Jesus entra no barco com seus discípulos para passar para outra banda do lago, e durante o percurso adormeceu, e logo veio uma tempestade tão grande que águas entravam no barco, com medo de naufragarem os discípulos acordam Jesus e o pedem por ajuda.

E Jesus levantando repreende o vento e o mar e tudo volta a ficar calmo outra vez... Mateus 8:26, mas antes ele pergunta, qual é o motivo do medo, homens de fé pequena? Sabe por que? Por que os discípulos passaram o dia vendo-o operar milagres, libertando e curando pessoas, como de repente ele permitiria que aquela pequena embarcação afundasse?

Quando somos atingidos por tempestades, Jesus está ali por perto na expectativa de vernos usando a nossa fé, todos nós temos experiências de diversas batalhas a qual com o auxílio de Deus vencemos, mesmo assim às vezes nos postamos como os discípulos, depois de presenciar tantos milagres, ainda duvidar do grandioso poder de Deus para nos livrar e dá Vitória.

Deus cuidou da minha sobrinha, que agora está com três anos, minha irmã obteve Vitória por que escolheu confiar no poder de Deus.

Não saia do barco, independentemente do quanto ele está balançando e as águas parecem que irão te engolir, lembre se de

tudo que Deus já fez por você, e acredite, muito mais ele fará se você continuar confiando nele.

O que você entende de fé?

Estamos atravessando uma das piores situações de nossas vidas, o que em 2019 era rumores de uma doença com grande índice de mortalidade, chegou ao ápice ao passar pela Europa, e quando menos esperávamos alcançava o Brasil.

Tantos infectados, milhares de mortos, a quarentena tão necessária, fechou templos, fechou empresas, milhares de desempregados, com as pessoas em casa, o comércio fechado, não ia demorar muito para os problemas financeiros atingirem milhares de famílias.

O preço do alimento sobe de forma assustadora, e nesse cenário caótico a ansiedade chega ao ápice, não se sabe o que vai ser no dia seguinte, qual próxima desgraça nos atingirá? Pessoas

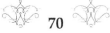

começam a entrar em pânico, diversos suicídios acontecem, a violência chega ao extremo.

O que isso nos faz pensar? Sempre houve crise no mundo, mas para algumas gerações, assim como a minha, essa é a primeira de impacto mundial. Para quem conhece a palavra de Deus começa as reflexões: Não há por que entrar em pânico sobre como será o meu amanhã, a palavra de Deus nos ensina que o dia do amanhã pertence somente a Deus.

Em Mateus capítulo 6 a partir do versículo 25 Jesus nos ensina a descansar nas providências divinas, Mateus 6:25 *"Por isso eu digo a vocês: não se preocupem com a comida e com a bebida que precisam para viver nem com a roupa que precisam para se vestir. Afinal, será que a vida não é mais importante do que a comida? E será que o corpo não é mais importante do que as roupas?"*

(26) *"Vejam os passarinhos que voam pelo céu: eles não semeiam, não colhem, nem guardam comida em depósitos. No entanto, o Pai de vocês, que está no céu, dá de comer a eles. Será que vocês não valem muito mais do que os passarinhos?"*

(27) *"E nenhum de vocês pode encompridar a sua vida, por mais que se preocupe com isso."*

(28) *"E por que vocês se preocupam com roupas? Vejam como crescem as flores do campo: elas não trabalham, nem fazem roupas para si mesmas."*

(29) *"Mas eu afirmo a vocês que nem mesmo Salomão, sendo tão rico, usava roupas tão bonitas como essas flores."*

(30) *"É Deus quem veste a erva do campo, que hoje dá flor e amanhã desaparece, queimada no forno. Então é claro que ele vestirá também vocês, que têm uma fé tão pequena!"*

(31) *"Portanto, não fiquem preocupados, perguntando: "Onde é que vamos arranjar comida?" ou "Onde é que vamos arranjar bebida?" ou "Onde é que vamos arranjar roupas?"*

(33) *"Portanto, ponham em primeiro lugar na sua vida o Reino de Deus e aquilo que Deus quer, e ele lhes dará todas essas coisas."*

(34) *"Por isso, não fiquem preocupados com o dia de amanhã, pois o dia de amanhã trará as suas próprias preocupações. Para cada dia bastam as suas próprias dificuldades."*

Todas as respostas sempre estiveram na bíblia, mas só buscamos compreendê-las em momentos assim.

O que nos mantém firmes diante do caos? O que nos difere daqueles que desistem? O problema afetou a todos igualmente, mas o que te faz continuar lutando? A resposta para essas perguntas é a fé, mesmo que pequena ela é que te faz continuar, a ter esperança.

Muitos sonhos foram frustrados, projetos colocados em pausa, somos seres que amam planejamentos, então temos por hábito, começar um novo ano cheio de projetos, ideias, expectativas, mas esse ano tivemos que parar e pausar tudo, e isso nos trouxe algumas frustrações, mas quem tem fé não enxergar somente o que não foi, o que deixou de acontecer, mas foca no que será, por que entende que Deus permitiu esse momento, para voltarmos a olhar para nós mesmos, e concertar o que está errado, esse é o tempo de reciclagem moral, emocional e principalmente espiritual.

Por que vínhamos em uma velocidade, que não tínhamos tempo para cuidar do mais importante, que é da nossa *"casa"*, quando falo casa não me prendo somente a família, mas o Eu, como casa de Deus, templo do Espírito Santo, estávamos descuidados de nós mesmos em diversos sentidos, por que não tínhamos tempo.

Estamos em setembro de 2020, é o que, mas se fala no momento é na alta dos alimentos. É isso me fez lembrar de uma passagem em 2 Reis capítulo 6:24 em diante, a Síria havia cercado Samaria, as pessoas não conseguiam ir além dos portões da cidade, o cerco durou tanto tempo que começou faltar alimento para o povo, e os alimentos que restaram, teve uma alta absurda.

2 Reis 6:25. *"Por causa disso, a falta de alimentos naquela cidade foi tão grande, que uma cabeça de jumento custava oitenta barras de prata, e duzentos gramas de esterco de pomba custavam cinco barras de prata."*

(26) *"Certo dia o rei de Israel estava passando por cima da muralha da cidade, quando uma mulher gritou para ele: – Ó rei, meu senhor, me ajude!"*

(27) *Ele respondeu: – Se o SENHOR Deus não ajudar você, como é que eu posso ajudá-la? Você pensa que eu tenho trigo ou vinho?*

(28) *Mas diga qual é o seu problema. Ela respondeu: – Outro dia esta mulher me disse: "Vamos comer o seu filho hoje e amanhã comeremos o meu."*

(29) *Então nós cozinhamos o meu filho e o comemos. No dia seguinte eu disse que era a vez de comermos o filho dela, mas ela o escondeu!"*

A fome levou essas mulheres ao desespero de tal forma, que para se alimentar, comerem está criança, que era filho de uma delas, isso mostra a consequência de viver uma vida sem fé, até o amor maternal foi esquecido em detrimento da sua necessidade física.

A bíblia ensina que a fé é o firme fundamento das coisas que não se vê, mas se espera. Eu posso não está vendo saída para essa situação, mas eu consigo visualizar isso acontecer, a fé me faz acreditar nisso.

Só vamos sobreviver a isso, e qualquer coisa que vier a seguir, se tivermos fé em Deus, a fé nos acalenta, nos traz esperança, nos faz ter sossego, nos dá paz no meio do caos, por que sabemos que Deus cuida daqueles que esperam nele.

Curando o seu interior

Há coisas que nos acontecem que nos deixam tão constrangidos que se torna um segredo, a gente não consegue compartilhar, simplesmente não conseguimos.

Nos tornarmos reféns, por que esse segredo nos deixam com deficiências emocionais, quando fui tocada pelo Espírito Santo a escrever esse livro, quis mostrar também minhas experiências em alguns assuntos, e como com ajuda do Espírito Santo consegui vencer.

Minha avó morreu quando eu tinha nove anos, ela foi a primeira grande perda da minha vida, ela me ensinou muito acerca de Deus, ela me ensinou a amar a Deus, me ensinou a louvar a ele.

Ela teve câncer no colo do útero, e eu lembro que quando ela estava em seu estágio final, os médicos a enviou para casa, não

havia mais nada a ser feito, quando ela tinha crises de dor, ela pedia para eu louvar com ela, e quando ela já não tinha forças, eu continuava a cantar sozinha.

Eu nunca pensei que era tão sério assim, nunca pensei que a perderia. Lembro que a última vez que ela foi para o hospital, ela tinha feito um pedido ao meu tio, que eu só fiquei sabendo após seu sepultamento, ela pediu que ele me entregasse um LP, da cantora *Raquel Monteiro*, nunca vou me esquecer desse dia, do meu riso mesclado com a dor, de saber que até no seu último momento, ela queria que eu continuasse louvando.

Meu avô não era cristão, eu me lembro de ele ser bom, quando estava sóbrio, quando minha avó faleceu, minha mãe ficou preocupada de deixá-lo sozinho em sua casa.

E decidiu que até que ele estivesse melhor do luto, ficaríamos morando na casa dele.

Eu era a mais velha de seis filhos, e fomos divididos por cômodos na hora de dormir, e eu dormia no quarto que era do meu avô.

No passado não se tinha a malícia e a preocupação de que um parente poderia fazer mal a uma criança, era 1995, as pessoas não pensavam sobre pedofilia, nem existia esse termo.

Eu lembro que na primeira vez que durante a noite meu avô me abordou, pensei que ele estivesse sonâmbulo, de alguma forma consegui me esquiva. Nas noites seguidas não tive a mesma sorte, e ele conseguiu me molestar por diversas vezes.

Você deve estar pensando, pensei que esse era um livro cristão, de superação e etc... E é, esse é um livro que vai te ajudar a entender, que Deus pode curar o seu passado, independentemente

do que tenha ocorrido nele, e transformar sua vida de tal modo, que você consiga superar a dor e vê cumprir na sua vida a vontade dele pra você.

Quando uma coisa assim acontece a você, você se esconde do mundo, você permite que vejam o que você quer, não quem é ou como está de verdade.

Eu não contei ao meus pais, eu passei uma adolescência complicada, por que eu estava na casa de Deus, sorria, cantava, tinha amigas, mas de uma hora para outra tudo mudava, as pessoas não entendiam minha mudança de comportamento, meus pais não entendiam, por diversas vezes eu perguntei a Deus, por que ele não me matava, tanta gente que não queria morria, então por que não eu que queria tanto.

Eu sempre li, e escrevi, Deus sempre usava pessoas para falar que tinha planos pra mim, mas eu não queria saber dos planos de Deus, eu estava cansada da dor, do segredo, eu só queria morrer.

Enquanto escrevia esse capítulo me lembrei de Diná filha de Jacó Genesis capítulo 34 narra a forma em que ela foi violentada, em uma época em que a mulher não tinha voz, vem o seu violentador e pede a seu pai e irmãos sua mão em casamento por que tinha se apaixonado por ela.

Em uma época em que tudo que uma mulher tinha de mais valor era sua pureza, ela foi violada.

Imagine a situação de Diná, de não poder recusar o pedido de casamento feito por Siquém, o trauma e a dor, de ter que olhar para ele todos os dias e recordar de toda mal que ele lhe fez?

Quando você vai lendo os demais versículos vai entendendo que seus irmãos tinham um plano para que ela não ficasse com Siquém.

E mesmo Jacó dando sua palavra que o casamento ocorreria, e permitindo que ela fosse morar na casa do pai de Siquém, seus irmãos armaram contra eles, mataram todos os homens da cidade, saquearam-na e pegaram sua irmã de volta.

Simeão e Levi traíram a palavra dada pelo seu pai, mas eles foram ensinados que essa prática não era comum entre o seu povo, e seu pai queria fazer aliança com outro povo como se isso fosse reparar o mal feito a Diná.

Agora Diná está livre do seu algoz, agora ela está com as pessoas que a amam, com seu povo, com seu Deus, agora Diná pode ser curada.

A minha cura veio através de um livro, quando meu avô estava vivo, doía vê-lo, e fazer de conta que nada tinha acontecido, mas quando ele estava prestes a morrer de câncer, eu fui visitá-lo no hospital, eu estava animada pra vê-lo, eu tinha certeza que ele pediria perdão, eu fiquei 5 minutos sozinha com ele antes dos demais membros da família chegar ao quarto.

Ele morreu na mesma semana sem sequer demonstrar arrependimento, e isso me quebrou de vez, um dia estava visitando um tio, irmão da minha mãe, e fuçando no meio dos livros dele, achei um livro pequeno, mas o título me chamou a atenção: *A cura da alma*, esse livro mudou minha vida, me fez ver que eu estava prisioneira por não ter liberado perdão, mesmo sem meu avô me pedir, o perdão não é para quem nos fez mal se sentir bem, é para nos mesmos sermos livres.

Ao fim do livro, tinha uma oração a ser repetida, isso faz quase vinte anos, não lembro quem é o autor, só sei que após fazer essa oração em lágrimas, o Espírito Santo me curou.

Nunca mais isso me fez mal, nunca mais me causou dor, e depois de muitos anos após o ocorrido, me senti livre para contar para os meus pais, eu vi dor neles, vi revolta e frustração, mas eu disse: Se consegui dizer a vocês é por que estou bem, esqueçam isso é passado.

Eu quis compartilhar isso, por que sei que existem muitas Dinás por aí, muitas Tamar, e por que não dizer em relação aos rapazes também, existem tanto tipo de violações além da física, existem tanta dor e segredos vergonhosos em tantas pessoas.

Eu quero que você saiba, mesmo que esse alguém que te causou dor, não te pediu perdão, você precisa perdoar, o perdão vai libertar você. Eu quero que você ore comigo nesse momento, onde quer que você esteja.

Senhor Deus, o senhor me conhece, conhece minha dor, sabe que não posso mais viver preso a esse sentimento, então hoje eu te peço, que em nome de jesus, venha enviar o teu santo Espírito para curar minhas feridas, me perdoe e me ensina a perdoar também, te agradeço, te entrego o meu coração, em nome de jesus, amém.

O que você é? Planta ou árvore?

H oje conversando com meu filho, debatemos essa questão da produtividade humana, a planta é até bonita, mas não dá frutos.

E nós temos que produzir frutos, independe se você leva isso para o nível espiritual ou material, todos nós nascemos com habilidades que cabem a nós desenvolvê-las ou soterrá-las.

Vamos lá na bíblia: Mateus 25:14

"Jesus continuou: – O Reino do Céu será como um homem que ia fazer uma viagem. Ele chamou os seus empregados e os pôs para tomarem conta da sua propriedade.

(15) *E lhes deu dinheiro de acordo com a capacidade de cada um: ao primeiro deu quinhentas moedas de ouro; ao segundo deu duzentas; e ao terceiro deu cem. Então foi viajar.*

(16) *O empregado que tinha recebido quinhentas moedas saiu logo, fez negócios com o dinheiro e conseguiu outras quinhentas.*

(17) *Do mesmo modo, o que havia recebido duzentas moedas conseguiu outras duzentas.*

(18) *Mas o que tinha recebido cem moedas saiu, fez um buraco na terra e escondeu o dinheiro do patrão.*

(19) *– Depois de muito tempo, o patrão voltou e fez um acerto de contas com eles."*

Na hora do acerto de contas com o patrão cada empregada que tinha recebido algum valor, apresentou a forma que multiplicou o que recebeu, e foi convidado para festa, para comemorar com o seu senhor, exceto o que tinha recebido o menor valor, que por ser pouco pensou que mais inteligente seria enterrar e guardar para devolver quando o seu senhor voltasse.

Não utilizar das habilidades que Deus nos deu seja ela qual for, não torna a produtiva, e fazer como esse servo da parábola de Mateus, seremos considerados assim como ele foi um servo mal e preguiçoso, e no dia da volta do nosso Senhor, até o pouco que tínhamos nos será tirado.

O que Deus nos deu é para ser investido, pare e pense: Em que você é bom? O que você sente naturalmente que nasceu para fazer? Você só pode seguir o propósito para qual foi criado quando descobre qual ele é.

E quando descobrir invista nele, se aprimore nele, até que ele o comece trazer resultados.

"Todos os ramos que não dão frutos ele corta, embora eles estejam em mim, mas os ramos que dão frutos ele poda a fim de que fiquem limpos e deem mais frutos ainda." (Jo 15: 2)

Ou seja, temos por obrigação dar frutos, dar resultados, como eu disse no início, do que te vale ser uma planta linda e viçosa mais estéril?

Não enterre suas habilidades, seus talentos, Deus os colocou em você, é um dia te perguntará o que você fez com aquilo que ele TE confiou.

Não deixe que palavras contrárias paralise sua evolução e crescimento, não importa se os outros acreditam em seu talento, você precisa acreditar, Deus acredita tanto em você, que te confiou a responsabilidade de levar a palavra dele.

José não deixou que a inveja de seus irmãos o impedisse de sonhar, Davi não deixou que o deboche e o desdém de seus irmãos o impedissem de encarar Golias, você precisa entender que ninguém, repito ninguém pode anular o desenvolvimento e consequentemente os resultados da sua habilidade, a não ser você mesmo.

Por que você está cansado?

"Mas o que esperam no Senhor, renovarão as suas forças, subirão com asas como águias, correrão e não se cansarão, caminharão e não se fadigarão." (Is 40:31)

Lendo em Mateus capítulo 20, comecei a analisar a parábola que Jesus dizia. Um homem que por diversas horas do dia saiu da sua casa, e toda vez que ele saia encontrava homens desocupados e oferecia trabalho na sua vinha, e na última vez que ele saiu já as 5 da tarde encontrou outros homens desocupados e perguntou a eles: *"Por que vocês estão o dia todo aqui sem fazer nada? É por que ninguém nos contratou, responderam eles"*.

E mais uma vez ele diz, vai vocês também trabalhar na minha vinha.

No fim do dia ele chama o seu administrador e fala para efetuar o pagamento a todos aqueles homens, começando dos últimos a serem chamados ao trabalho, e depois os primeiros.

Ao ver que os que tinham trabalhado poucas horas havia ganhado uma moeda de prata, os primeiros a começarem o trabalho, deduziram que ganhariam um pouco mais, mas ao receber o mesmo valor que os outros, começaram a reclamar contra o patrão.

E diziam: Nós trabalhamos o dia todo embaixo do sol quente, esses trabalharam apenas por uma hora, e receberam o mesmo que a gente?

"Aí o dono disse a um deles: "Escute, amigo! Eu não fui injusto com você. Você não concordou em trabalhar o dia todo por uma moeda de prata?" (Mt 20: 13)

Aí você pergunta tá, mas qual a associação entre Isaías capítulo 40:31 e Mateus 20? Qual foi a queixa dos primeiros trabalhadores ao receberem o pagamento?

"Nós trabalhamos o dia todo embaixo do sol" eles alegam aí, que foi mais árduo para eles o trabalho, que foram castigados pelo sol, e convenhamos que o sol nos países orientais é intensamente quente, mas eles concordaram com aquele valor, suas insatisfações foram baseadas apenas em suas deduções erradas.

Quando falamos de um longo período de trabalho, falamos de um longo tempo a serviço do nosso Senhor.

E quanto mais tempo estamos nessa jornada de fé, mas batalhas temos no currículo, sabemos também que nos alistamos conscientemente, e que a cada batalha vencida, adquirimos, mas maturidade e proximidade com nosso Deus, mas depois de um longo período de caminhada a gente cansa, o sol começa a castigar, as provações se tornam, mas intensas e sofridas... E você vê novos soldados se alistando e abrangendo territórios que você ainda não chegou... Aí a gente volta lá em Isaías 40:31 *"Mas os que ESPERAM no Senhor renovarão as suas FORÇAS..."*

A palavra-chave é *"ESPERAR no Senhor"*, lembra no capítulo anterior que falei sobre habilidades que cada um possui?

Então, em 1 coríntios 12 O apóstolo Paulo começa a descrever a variedades de dons, ele diz:

(1 Co 12:4) *"Existem tipos diferentes de dons espirituais, mas é um só e o mesmo Espírito quem dá esses dons.*

(5) *"Existem maneiras diferentes de servir, mas o Senhor que servimos é o mesmo."*

(6) *"Há diferentes habilidades para realizar o trabalho, mas é o mesmo Deus quem dá a cada um a habilidade para fazê-lo."* E nos versículos adiante vai exemplificando os dons, quando novos soldados se alistam no exército de Cristo, trazem com eles habilidades complementares que ajudarão na propagação do evangelho."*

Então para nós que estamos a mais tempo nessa guerra, devemos ficar felizes com os reforços mais que necessários, e não ficarmos injuriados por acharmos que merecemos mais o céu do que esses novos recrutas.

Continue esperando no Senhor, ele renovara as suas forças, e quando você menos esperar, estará alcançado voos mais altos do que você jamais sonhou.

Cuidado com as distra-ções

"Tudo nesse mundo tem seu tempo, cada coisa tem sua ocasião" (Ec 3:1)

A frase que não sai da nossa boca é: Não tenho tempo para nada. A bíblia contradiz essa afirmação, como eu disse no início desse livro, tudo é uma questão de administrar bem o tempo.

Durante o processo de escrita desse livro, muitas coisas aconteceram comigo, teve momentos que parecia que eu estava sendo arrancada do chão por um furacão.

Depois de engavetado por anos, recomecei a escrever durante a pandemia de covid 19, mas vocês lembram que em um dos capítulos anteriores falei sobre o que minha irmã me disse? Que

entraríamos em um barco, enfrentaríamos tempestades, mas não devíamos sair delas.

Ela me disse isso em 2019, não tínhamos o controle do barco, mas não devíamos sair até sermos autorizadas.

Durante o meu período de tempestade assistia muitas pregações, do Pastor Tiago Brunet, do Pastor T.d. Jakes, percebi pela palavra que precisava desse momento, precisava amadurecer algumas questões dentro de mim, precisa aprender mais de Deus.

Me alimentar da palavra, reforçava minha fé, mas houve um momento em que as lutas se acalmaram um pouco, ouvi uma palavra do Pastor Tiago Brunet, que Deus nos daria nos últimos três meses, o que não adquirimos durante o ano inteiro. E eu tomei para mim essa palavra, eu estava há meses desempregada, já tinha batido em tantas portas, pedido ajudada a tantos amigos e nada acontecia, mas eu não questionei a Deus, entendi que se fosse era fiel a ele, e as portas não se abriam para mim, era por que ele mesmo tinha fechado por algum motivo.

E comecei a orar para que ele me direcionasse e me mostrasse qual era sua vontade. Então durante um dia ressurgiu uma ideia que eu havia tido meses atrás, de criar meu próprio negócio.

Compartilhei minha ideia com meu marido, com duas melhores amigas, e comecei a amadurecê-las, mas abrir uma empresa não é fácil como se imagina, não é só ter uma boa ideia.

E durante esse período minha mãe adoeceu, meu marido estava embarcado fazendo jornada de 21 dias, eu me dividindo entre as crianças, a formação da empresa, e os cuidados com minha mãe.

Ao fim do dia eu estava exausta, e comecei a diminuir meu tempo com a leitura da palavra, fiquei dias sem escrever, por que

eu alegava sempre estar muito cansada, na hora que eu deitava, eu pegava o celular e jogava um joguinho bobo, que meu filho jogava e instalou também no meu telefone, e pegava no sono assim.

Durante uma madrugada, em que acordei e fui orar, o Senhor me cobrou um posicionamento. Era pecado jogar aquele jogo? Não, mas eu alegava não ter tempo para meditar na palavra e nem para continuar a escrever, mas ficava de quarenta minutos a uma hora jogando um jogo que não me agregava nada, era apenas uma distração até eu pegar no sono.

Então, eu não poderia estar usando esse tempo de melhor forma?

É da nossa natureza se distrair com facilidade, e temos que brigar muito conosco, para não ficarmos presos a distrações que irão protelar os desígnios de Deus para nossas vidas.

Quantos dias eu perdi, dias que podem fazer toda diferença na conclusão desse livro, dias que pessoas que precisam ler essas palavras poderão ficar sem acesso a elas por um bom tempo, por que eu me distraio com um jogo bobo.

Eu quero dizer a você, que não deixe que distrações tirem o foco que você estabeleceu para sua vida, seja no âmbito espiritual ou material.

O tempo é precioso demais, para gastamos com coisas que não edificam, que não nos agregam conhecimento, que não nos levarão a parte alguma. Invista o seu tempo, produza com o seu tempo, mas não o desperdice, pois o tempo perdido não pode ser recuperado.

Os obstáculos que cria-mos

Já percebeu que para muitas coisas que queremos, mas temos medo, preguiça ou insegurança de realizar, damos desculpas?

Por exemplo, eu queria fazer um curso superior, mas morava no interior da minha cidade, estava com as crianças muito pequenas, desempregada, e ficava me lamentando que teria que esperar um longo tempo para poder ingressar no curso.

E se passaram 8 anos de lamúrias, até reencontrar uma amiga do ensino médio, e ela me dizer: Sabia que dá para você cursar a distância? Aí eu respondi: Não tenho dinheiro o suficiente para esse curso.

Ela respondeu: você perdeu 8 anos, o que equivale a 2 formação universitária, você sabia que existem programas que dão até 50 por cento das mensalidades, e que você pode fazer um curso, que tenha proximidade com o que você realmente quer fazer, e quando já estive trabalhando na área, pagar pelo que você sonha fazer?

Eu pensei... É você tá certa, e me matriculei na faculdade com ensino a distância, na ocasião eu e meu marido havíamos montado uma loja de acessórios para celulares, então eu consegui a bolsa de 50 por cento e o que eu ganhava na loja dava para pagar o restante.

Oito anos reclamando, dando desculpas por uma coisa que eu já poderia ter terminado, mas não é só no aspecto material que fazemos isso.

Cada um de nós sabemos de onde Deus nos tirou, cada um de nós temos uma história que foi modificada com a entrada de Jesus em nossas vidas, e tudo que ele nos pede é que anunciemos a outros aquilo que ele fez por nós, mas alguns de nós, mesmo quando temos conhecimento daquilo que Deus quer que façamos, não nos comprometemos, por que assumir a responsabilidade vai nos trazer uma série de situações a qual não queremos lidar, não queremos abandonar a vida cômoda, não queremos nos indispor com os amigos ou vizinhos por causa do evangelho.

Preste atenção no que Atos capítulo 9: 20 e 21 fala sobre o apóstolo Paulo após a conversão:

"E começou imediatamente a anunciar Jesus nas sinagogas, dizendo: – Jesus é o Filho de Deus.

Todos os que ouviam Saulo ficavam admirados e perguntavam: – Não é este o homem que em Jerusalém estava matando todos os seguidores

de Jesus? Não foi ele que veio até aqui para prender e levar essa gente aos chefes dos sacerdotes?"

Após o encontro com Cristo a caminho de Damasco, e ter ficado três dias cego, ao ter a visão restaurada depois da oração de Ananias, ele que durante os três dias que estava cego, também estava sem comer, se alimentou ficou forte outra vez, e foi anunciar o evangelho que ele tanto havia perseguido.

Se continuarmos lendo o capítulo 9 de atos, vemos que por causa da sua história, de quem era no passado, ele não foi de imediato aceito e recebido no meio dos cristãos, e os judeus que antes ele apoiava, agora queria matá-lo.

Onde ele ia, sua súbita mudança causava estranhamento, mas nada disso impediu que ele anunciasse Jesus.

Quem ordenou Paulo apóstolo? Quem disse que ele poderia sair aleatoriamente pregando a palavra?

Ele não precisou, que Pedro, ou Tiago, João, Filipe ou qualquer outro apóstolo viesse de Jerusalém, para lhe autorizar, ele recebeu a autorização do Espírito Santo, quando Ananias orou para ele. E muitas vezes dizemos não posso, não vou, meu líder, meu pastor não me disse que eu tenho que fazer isso.

Eles não disseram? Mas Jesus disse: *"Ide... por todo o mundo."*

Você não precisa de autorização para levar a palavra de Deus para quem precisa, você já a tem, você precisa da autoridade do Espírito Santo, por que sem revestimento não há poder.

Nos queixamos muito, sobre situações que só depende de nós tomarmos uma atitude e parar de dar desculpas, as redes sociais estão aí utilize-a, gastamos tanto tempo nela, então vamos

torná-la uma ferramenta produtiva para a divulgação do evange-
lho.

Não olhe para trás, se o apóstolo Paulo ficasse preso a quem
era, jamais conseguiria ser aquilo que Deus o chamou para ser.

Seu passado é somente isso, passado, utilize a oportunidade
dada por Deus, e use o presente para se tornar alguém que Deus
sempre soube que você seria, uma benção nas mãos dele.

Há caminhos que teremos que percorrer

Existe uma certa dificuldade para algumas pessoas entenderem, que servi a Deus não te isenta de algumas situações desfavoráveis nessa vida.

Em apocalipse capítulo 21 versículo 4 diz que quando chegarmos ao céu, Deus enxugará dos nossos olhos toda lágrima, mas até esse dia chegar, o próprio Jesus disse que teríamos aflição.

Até para provar a todos a grandeza do seu nome, Deus permite que passemos por situações, para que ao fim dela todos possam reconhecer o poder dele sobre nossa vida.

Temos na bíblia diversos exemplos disso, Daniel na cova dos leões (Dn 6), Sadraque, Mesaque e Abedenego na fornalha ardente (Dn 3), Pedro quando estava preso e um anjo o tirou da prisão (At

12:7) Apóstolo Paulo quando foi picado por uma cobra e não morreu (At 28:3), entre outros.

Então por que conosco seria diferente? O que nos difere daqueles que não serve a Deus, é que mesmo passando pelo vale da sombra da morte, nunca estamos sozinhos, a nossa vontade seria que nunca tivéssemos tempestades, mas são as tempestades da vida, os desertos, que nos trazem crescimento, experiências, que nos fazem conhecer Deus.

Você daria alguma credibilidade a alguém que queira te aconselhar, sobre um assunto a qual ele não viveu, não experimentou, não venceu?

Então como queremos que aqueles que não conhecem Jesus, acredite no que ele pode fazer, se não tivermos alguma história de batalha vencida a serviço dele?

Até que sejam convertido e adquiram fé, os homens querem ver resultados, provas concretas dos milagres realizados em nossas vidas.

Você acha que por qual motivo tantas pessoas seguiam Jesus? Algumas realmente se convertiam aos seus ensinamentos, mas a princípio se aproximavam por causa dos milagres que ele fazia, os milagres eram os resultados que Jesus apresentava para aqueles que ainda não tinham fé.

Cada luta que passamos, cada batalha que ganhamos, cada cura que vivenciamos, testificam ao mundo o poder de Deus, por isso não há como evitar passar por aflições aqui.

Como eu teria credibilidade para escrever um livro sobre vencer nossas batalhas, sobre não perder a guerra, se eu já não tivesse passado pelo campo de batalha e saído de lá vitoriosa?

E outras batalhas virão, faz parte da vida de todas as pessoas, mas me alegro em cada uma delas, por que nunca estive sozinha, e você também não está, Deus sempre estará conosco, é ele que acalma as tempestades que se criam em nossa alma, é ele que nos dá o refrigério, que nos faz descansar, é ele que nos cobre com suas mãos potentes e nos dá segurança.

E a gente tá lá, rodeados de leões em uma cova bem tranquilo, tudo desmoronando ao nosso redor, e a gente exalando calma e tranquilidade, é isso causa curiosidade e espanto naqueles que não conhece a Deus, e faz com que eles queiram para si esse tipo de consolo.

"Feliz é aquele que nas aflições continua fiel! Porque, depois de sair aprovado dessas aflições, receberá como prêmio a vida que Deus promete aos que o amam" (Tg1:12).

Eu sei que cada pessoa que está lendo esse livro, já experimentou ou está experimentando uma grande batalha, uma doença incurável aos olhos dos médicos, um luto, uma separação, talvez um desemprego, ou está se recuperando de um acidente, foi amputado, está numa cadeira de rodas, perdeu a alegria em servi a Deus devido a tantas distorções que encontramos hoje da verdade, talvez seu ministério esteja ruindo, sua esperança desabando, suas forças esvaindo, mas deixa eu te dizer uma coisa, você pode estar se sentindo esquecido, abandonado, frustrado, desamparado.... mas Hebreus capítulo 13: 5b... Deus diz: *"De maneira alguma te deixarei, nunca jamais te abandonarei"*.

Eu sou mãe e não existe nada que eu não faria para felicidade dos meus filhos, Mas em Isaías 49:15 A palavra de Deus diz; que se uma mãe esquecer do filho que ainda amamenta, todavia ele jamais se esqueceria de nós.

Deus está dizendo que mesmo se todos te abandonassem, se tudo ruísse na sua vida e até sua mãe te deixasse, ele NUNCA, JAMAIS te abandonará.

Você consegue entender isso? Consegue sentir o tamanho do amor dele por você? Não importa o tamanho da ferida que te causaram, você não está sozinho, e aquele que cuida de você sarará também todas as suas feridas.

Como lidar com os dias ruins

Somos cristãos, temos fé, vivemos na esperança de uma vida de glória futura com Jesus, e o mundo quer nos ver o tempo todo sorrindo, exalando alegria, mas somos humanos, temos a presença do Espírito Santo em nossas vidas, mas sentimos dor, tristeza, aflição. Nem todos os dias acordamos nos olhando no espelho e sentindo-nos bem ou feliz, sabemos que a palavra garante que em Cristo somos mais do que vencedores, mas naquele momento nos sentimos derrotados, fragilizados... E isso não é pecado, é apenas um dia ruim, todos nós passamos por dias ruins, dias que preferimos nem levantar da cama, dia que gostaríamos de nos esconder do mundo.

O profeta Elias teve seu dia ruim, sim o profeta que orou por quarenta segundos e caiu fogo do céu, ele estava cansado, e

quando estamos cansados tudo que queremos é descansar, mas descanso de Cristão não é na terra, então às vezes o dia ruim faz com que pedimos a Deus coisas ruins.

E Elias pediu, pediu pela morte 1 Reis 19: 4 *"Ele, porém, foi ao deserto, caminho de um dia, e foi sentar-se debaixo de um zimbro; e pediu para si a morte, e disse: Já basta, ó Senhor; toma agora a minha vida, pois não sou melhor do que meus pais".*

No dia ruim não considerarmos todas as coisas incríveis que Deus já realizou em nossas vidas, só nos sentimos deprimidos e cansados.

Assim como Elias, eu também já tive minha parcela de dias ruins, houve uma ocasião em que eu acordei e só queria chorar aos pés de Deus, era por tudo, era por nada, eu nem sabia por que estava assim, só sabia que estava triste e queria conversar com meu pai. Dobrei meus joelhos em torno da minha cama, e soluçava tanto, que mal conseguia pronunciar palavras, então encostei a cabeça no colchão e pedia: Pai só me deixa ficar um pouquinho no seu colo, por que hoje eu não estou bem.

E fiquei quietinha só chorando, até o Espírito Santo falar comigo o seguinte: *"Aquietai vós e sabei que eu sou Deus"* e essa frase se repetia o tempo todo dentro do meu coração, e eu comecei a me sentir melhor e fui ler em salmos 46 *"Deus é nosso refúgio e Fortaleza, socorro BEM presente na angústia".*

Essa foi a resposta de Deus para mim, e então entendi, quando o anjo despertou Elias que dormia debaixo do pé de zimbro, e mandou que ele levantasse e comesse, e ele comeu e voltou a deitar, e pela segunda vez o anjo lhe acorda dizendo: levanta-te longa será a sua caminhada.

Eu me alimentei da palavra e a angústia que existia na minha alma, foi transformada em combustível para que eu continuasse a caminhada.

Toda vez que você estiver em um dia ruim, peça colo ao pai, chore aos pés dele, ele vai te alimentar e te dar forçar para se levantar, há ainda muito a ser feito através de mim e de você, o caminho e longo não permita um dia ruim paralise todos os seus projetos, que anule os seus sonhos, que te faça voltar atrás depois de você ter ido tão longe.

É apenas um dia ruim, e esse dia vai passar, Davi passou por dias ruins, grande parte dos versos de salmos foram escritos em momentos assim, mas se você observar, ele começa os versos triste, e finaliza enaltecendo a grandeza, o livramento e os cuidados que o senhor tem para com os seus filhos.

E mesmo que hoje seu dia não começou como você esperava, acredite até o fim dele Deus nosso pai poderá te surpreender.

Saindo do cativeiro

O que vem a sua cabeça quando ouve a palavra cativeiro?

Você talvez consiga pensar na imagem de um refém, preso em um lugar horrível, mas hoje não quero falar de um cativeiro físico, e sim emocional e espiritual.

Um cativeiro que nunca teve tantos reféns como tem nesse momento. Tantas pessoas andando pela rua, sorrindo, parecendo livres, mas não são. Tantas pessoas que se cercam de gente ao seu redor, para aplacar uma solidão e não consegue!

Sabe a diferença entre a prisão física e a emocional? A física prende seus braços e pernas, restringe sua locomoção, mas não pode impedir sua alma de ser livre.

A emocional, você come, anda, fala, trabalha, mas sua alma está presa, e você não consegue sentir alegria em nada que realiza, nada tem sentido ou importância o suficiente para te trazer contentamento.

Em João capítulo 8:36 diz "*Se, pois, o Filho vos libertar, verdadeiramente sereis livres*".

É esse o tipo de liberdade que experimentou Paulo e Silas, após serem açoitados e terem os pés presos em um tronco, começaram a adorar a Deus.

Você acha o sistema prisional no Brasil uma vergonha? Imagine as prisões mal iluminadas e fétidas de Roma?

Mesmo sendo castigados por fazerem o bem, e aprisionados, eles cantavam. Sabe por que apesar de fisicamente presos eles cantavam? Por que sua alma estava livre. O filho do homem, Jesus, já os havia libertado.

Então não havia nenhuma prisão humana capaz de roubar sua alegria e adoração.

Imagine se em buraco bem escuro, em que você é mantido preso contra sua vontade, imagine que seus pés e mãos estão acorrentadas, a escuridão ao seu redor, te traz o medo e a certeza que nunca mais voltará a ver as pessoas que ama, mas de repente uma luz surge, a princípio ela incomoda seus olhos, afinal vocês já estão há muito tempo no escuro, você percebe que uma porta foi aberta, trazendo claridade para o lugar onde você está, e no meio dessa luz tem um homem com a mão estendida para você, ele olha para você e te chama pelo seu nome, e diz que veio te libertar.

Consegue imaginar essa cena? Consegue imaginar quem se arriscaria a entrar nesse lugar inóspito para te resgatar? Como

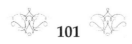

você se sente em saber que será salvo, que não morrerá nesse lugar? Sabe quem entraria em um lugar assim por você?

Sim, é ele é Jesus, o mesmo que enviou um anjo a prisão para livrar Paulo e Silas dela, o mesmo que não permitiu que leões devorassem Daniel, quando este foi jogado em uma cova. É Jesus, que onde passava libertava pessoas da opressão do diabo, é esse Jesus que está estendendo a mão para você agora, e te dizendo: Eu vim te libertar.

Você consegue segurar a sua mão? Consegue perceber que ele veio por você? E que depois que ele tornar você livre, nunca mais você voltará a ser refém?

Aceite a sua ajuda, ele é a única saída verdadeira desse cativeiro, lembre se do que sua palavra diz, que se ele te libertar, verdadeiramente serás livres, a dor acaba, a solidão não existe mais, a tristeza, o temor, a ansiedade, o pânico, o terror noturno, tudo que te mantém preso a uma vida sem sentido vai cessar, por que você será livre.

Em João capítulo 14: 27 ele diz: *"Deixo com vocês a paz. É a minha paz que eu lhes dou; não lhes dou a paz como o mundo a dá. Não fiquem aflitos, nem tenham medo"*.

A paz que ele te oferece é permanente, aceite-a, e nunca mais terá medo novamente.

Quando nos sentimos Mefibosete

(referências 2Sm 4:4/ 2Sm 9 a partir do versículo 3)

Não é fácil quando tudo que acreditamos na vida, nosso chão, nossa instabilidade é arrancada de nós.

Perder seu pai, seu avô, ter sua vida supostamente em perigo, perder sua casa, já é difícil para um adulto compreender, imagine a uma criança? Que no processo ainda fica aleijada.

Quantas vezes nos sentimos Mefibosete? A dificuldade de entender o porquê de tantos males nos atingir todos de uma única vez? Mal conseguimos suportar a possibilidade de perder quem amamos, imaginem só no processo, perder praticamente toda sua

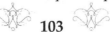

família, sua casa, não poder mais andar e viver de favor depois de ter tudo?

Não é fácil, não dá para se colocar no lugar, a não ser que se tenha passado por isso. Não dá pra supor o tamanho da frustração, da dor do luto, da insatisfação de não merecer tudo aquilo que estava passando.

Quem sabe talvez ele tenha se perguntado que mal que eu fiz? Sou apenas um menino, qual foi o meu pecado? E assim todo quebrado emocionalmente nos colocamos diante de Deus, sem forças até para pronunciar palavras, e perguntamos: O que fiz para estar passando por tudo isso? Me diga Senhor para que eu possa corrigir e voltar a ser abençoado por ti.

E quantas vezes tudo que temos de volta como resposta e o silêncio de Deus.

Por que não é o que fizemos, é o que ele quer fazer por nós, que às vezes permite que passemos por situações tão difíceis que acreditamos não sermos capazes de suportar, mas ele sabe o quanto aguentamos, e nós temos que acreditar, por mais difícil que seja que ele sabe o que é melhor para nossa vida.

Não foi fácil chegar até aqui, só Deus sabe as batalhas que eu enfrentei, ninguém vence se não há uma guerra, não existe conquistas sem dificuldades antes, não existe crescimento sem a poda, não é assim com as árvores? Para ficarem bonitas precisam ser podadas?

Imagine um cenário em que Mefibosete não ficasse aleijado, Deus havia prometido a Davi o trono de Israel devido a sua insatisfação com Saul como rei.

Como sucessor por direito era muito provável que ele tentasse assumir o trono, mas o trono não pertencia mais a ele. Provavelmente nesse embate ele perderia a vida, mas Deus queria mais para Mefibosete, assim como quer mais para mim e para você.

Deus permitiu que ele passasse por todas essas coisas difíceis, mas no seu tempo trouxe a restauração para vida dele. Mesmo que hoje não estejamos onde gostaríamos, mesmo que estejamos frustrados, sem esperanças e expectativas, achando que fomos esquecidos em Lodebar, Deus tem planos de restauração para nossas vidas, não permita que esse momento destrua a fé que existe em você, por mais difícil que seja, é apenas um pequeno momento antes de Deus devolver tudo que você perdeu.

Acredite, tudo que Deus nos permite passar é por amor, sempre há um plano maior por trás de tudo isso, e ao fim desse plano a Vitória é tão grande, que vai nos fazer perceber que valeu a pena cada lágrima.

De volta à Palácio, comendo outra vez na mesa real, tendo seus bens restabelecido, Mefibosete com certeza entendeu, que tudo que Deus faz é bom, mesmo que no momento de angústia não pensemos assim, quando enfim a conquista sobre aquilo que almejamos se realiza tudo que transborda do nosso coração, não é a recordação dos dias ruins e sim a gratidão pela Vitória alcançada, então continue acreditando, não desista e nem desanime, Deus vai trazer de volta tudo para você.

No limite da frustração

1 Samuel capítulo 1 começa a narrar a história de um homem por nome Elcana, e suas esposas. A história por si só já é bem conhecida pela maioria das pessoas que às vezes as leem ou ouve de forma superficial.

O que quero trazer ao voltar com a história de Ana, não é a finalização de Vitória dada por Deus, por que quando lemos a bíblia nos atemos muito a conclusão bem sucedida de seus personagens, mas não conseguimos nos ligar emocionalmente as suas dores antes de serem agraciados com a Vitória.

Ana foi a primeira esposa de seu marido, culturalmente na época se uma esposa não gerava filhos, por mais que você a amasse, você poderia se casar com outras para que sua linhagem tivesse continuidade. Mesmo hoje quando a mulher tem um sonho de constituir uma família, e ao casar não consegue engravidar, é doloroso e frustrante.

Assim Como eu tantas mulheres passaram ou passam por isso, e só dá para entender o tamanho da frustração se você já esteve nesse lugar, mas para Ana era ainda mais difícil, por que a nova esposa do seu marido não parava de gerar, e a cada novo filho nascido de Penina, era uma nova onda de deboche e humilhação que ela era obrigada a passar.

Imagine que você tem uma ferida no corpo? Uma cirurgia feita, uma fratura... E alguém que por pura inveja te deseja mal, começa a chutar exatamente onde você está ferido? Consegue imaginar a dor? Você seria capaz de passar por isso sem reclamar ou revidar?

A ferida de Ana não era exposta, era na alma que dói tanto quanto se fosse no corpo, por que é uma ferida que ninguém respeita, por que ninguém vê. Penina a detestava por que sabia que mesmo dando muitos filhos a Elcana, Ana sempre seria a esposa favorita, causando nela inveja tornando a outra sua rival.

Como não podia despejar sua maldade no marido a direcionava a Ana, que por anos sofreu sem reclamar ou revidar.

É difícil ver prosperar e ser beneficiados aqueles que não amam e temem a Deus, é difícil você ter fé e ser fiel ao Senhor, e não ver os milagres que você almeja acontecerem para você.

As pessoas não entendem por que não tem a capacidade de se pôr em seu lugar, é doído sonhar e não ver seus sonhos acontecerem, e em contra partida ter alguém que esfrega diante de você suas conquistas e debocha do seu fracasso.

Consegue entender a dor de Ana? E a mesma que tantas pessoas estão passando hoje em secreto e ninguém vê, tantas pessoas que viram seus sonhos descerem pelo ralo, que se perguntaram tantas vezes, por que só acontece comigo?

Não acontece somente comigo ou com você, milhões de pessoas estão passando por dores maiores ou semelhantes, o segredo para suportar E sair vitorioso?

Vamos voltar as atitudes de Ana.

Todo ano eles viajavam a Siló para adorar e fazer sacrifícios a Deus, e Ana já estavam em estágio de dor, que nem conseguia mais comer, e apesar do consolo do seu marido, sua tristeza não amenizava.

No auge do desespero ela vai ao templo falar com o SENHOR. Entende? Ela não foi na casa de uma amiga desabafar, ou procurou sua família para compartilhar suas frustrações, ela recorreu a quem realmente poderia fazer alguma coisa por ela.

Ao chegar ao templo sua dor sufocava suas palavras e ela só conseguia chorar ela mexia sua boca, mas as palavras não saiam, mas Deus escutou a oração do seu coração.

Já aconteceu isso com você? Da dor ser tão imensa que você se joga na presença de Deus é só consegue chorar? Você lembra do resultado dessa oração? Ana naquele dia derramou sua alma diante de Deus, ela tinha chegado ao ápice do seu sofrimento, não dava mais, e com o coração despedaçado ela se apresenta diante daquele que poderia tudo fazer.

A bíblia diz que Deus não resiste a um coração quebrantado.

Ana fez um voto, Deus ouviu cada palavra daquela oração, no ano seguinte Elcana viajou novamente a Siló, mas Ana não pode ir, ela agora estava impossibilitada de viajar, seu filho Samuel havia pouco tempo de nascido, e ela fala a seu marido: quando ele desmamar eu vou, e vou cumprir o que prometi ao Senhor, deixando o menino lá para servi-lo.

Ana teve cinco filhos depois que gerou Samuel, em todo tempo em que Ana sofria, Deus a observava, mas ele a atendeu quando ela lançou sobre ele seu sofrimento e se derramou diante da sua presença.

Deus está observando o que você está passando, mais como um pai educado que é, está esperando você levar a ele o seu problema.

E se você já levou e ainda não teve respostas, insista, persevere, não abandone a sua fé, Deus sabe o tempo exato de nos dar cada coisa, o problema que o sofrimento nos deixa impacientes, e nós fazem reclamar e questionar, e isso retarda o que Deus está preparando para você.

Vamos seguir o exemplo de Ana, que durante anos sofreu sem reclamar ou revidar, manteve sua fé é fidelidade intacta por mais difícil que fosse, e quando percebeu que não suportava mais, entregou toda sua dor a Deus.

Deus é bom e fiel, as dores que passamos não é para sua diversão, doí nele também, mas ele precisa ver o que estamos dispostos a abrir mão para ter a nossa Vitória.

Então pense.... O que hoje você precisa abrir mão para receber o que tanto almeja de Deus?

Made in the USA
Monee, IL
26 September 2021